陕西省教育科学"十三五"规划 2020 年度一般课题"全民终身学习视阈下成人教育学科体系重构研究"(课题批准号 SGH20Y1232)阶段性成果。

成人教育学科建设的现代视阈

郭荔宁◎著

吉林大学出版社

·长 春·

图书在版编目（CIP）数据

成人教育学科建设的现代视阈/郭荔宁著. — 长春：
吉林大学出版社, 2021.6

ISBN 978-7-5692-8401-0

Ⅰ.①成… Ⅱ.①郭… Ⅲ.①成人教育—专业设置—
研究—中国 Ⅳ.① G729.2

中国版本图书馆 CIP 数据核字（2021）第 111476 号

书　　名　成人教育学科建设的现代视阈
　　　　　CHENGREN JIAOYU XUEKE JIANSHE DE XIANDAI SHIYU

作　　者　郭荔宁　著
策划编辑　樊俊恒
责任编辑　王　洋
责任校对　马宁徽
装帧设计　马静静
出版发行　吉林大学出版社
社　　址　长春市人民大街 4059 号
邮政编码　130021
发行电话　0431-89580028/29/21
网　　址　http://www.jlup.com.cn
电子邮箱　jldxcbs@sina.com
印　　刷　三河市德贤弘印务有限公司
开　　本　787mm×1092mm　1/16
印　　张　12
字　　数　200 千字
版　　次　2022 年 3 月　第 1 版
印　　次　2022 年 3 月　第 1 次
书　　号　ISBN 978-7-5692-8401-0
定　　价　72.00 元

序

　　成人教育学科作为一门新型的社会科学体系,从罗森斯托克(Rosenstoek)20世纪30年代初提出成人教育学(andragogy)概念迄今,已历经百年沧桑,终成为国际教育学科体系的重要门类。其间,我国成人教育学科也在社会、政府、学术界、学校和广大人民群众的高度重视下得到长足发展。新中国成立之初,国家成人教育制度体制、高校成人教育运作体系、社会成人教育推进体系的健全与完善,国家把成人教育纳入国民经济发展规划之中,以及如火如荼、声势浩大的社会成人教育运动,都为我国成人教育学科建设奠定了社会基础。社会主义建设时期,国家将高等函授教育和夜大学教育列入国民高等教育体系,专业化和规范化已成为我国成人教育发展的重要标志,伴随而来的对成人教育现象的关注、对成人教育理论的研究、对成人教育发展的探索,都为成人教育学科建设打下了坚实的现实基础。改革开放时期,国家创立的"成人高校招生考试制度"、提出的"高等教育两条腿走路"发展战略,把成人教育的地位和作用提到了"是传统学校教育向终身教育发展的一种新型教育制度"和"当代社会经济和科学技术进步的必要条件"的战略高度,直接催生了我国现代成人教育学科体系。1992年,"成人教育学"作为"教育学"的二级学科,被纳入中华人民共和国国家标准《学科分类与代码》,其代码为880.57,成人教育学名列国家社会科学之林,诞生了国内第一所高校(华东师范大学)成人教育学专业硕士学位授予点,我国成人教育学科建设开始走上科学、和谐、健康发展的金光大道。进入21世纪,随着我国社会主义建设宏伟战略目标的实施,成人教育在社会进步和经济发展中的重要作用不断凸显,特别是党的十七大提出的建设人力资源强国,构建全民学习、终身学习的学习型社会理论;十八大提出的"办人民满意的教育"的要求,建设社会主义文化强国的战略;十九大关于"必须把教育事业放在优先位置,加快教育现代化,办好人民满意的教育"的表述,大大深化了人们对我国成人教育学科建设的认识。人们开始意识到成人教育学科建设的职能,既是对成人的劳动世界、职业世界、生活世界、社会世界、情感世界、心灵世界、闲暇世界等的理论研究,也是对成人面临社会变迁所发生的认知、态度、行为变化的实践探索,更肩负着"传承先进文化、传播先进文化、创造先进文化"的历史使命与时代责任,只有在成人教育学科建设与文化发展的契合中,才能厘清成人教育学科的文化地位、文化价值、文化行为,重廓成人教育学科的文化基因、文化形象、文化品质,为我国成人教育学科建设的未来发展寻到绿色通道。尽管我国成人教育学科作为一门新型社会科学,在学科范式、学术边界、结构体系、科研队伍、研究成果等方面,还存有这样或那样的缺失或不足,但在一代又一代成人教育工作者的精心呵护和辛勤汗水的灌溉下,终从无到有,从弱到强,带着几分稚嫩,跻身于中国社会科学之林。

本书作者以一个成人教育理论工作者应有的责任感和使命感,以开放的眼光和现代的视野以及从历史溯源到现实探索的路线,在对成人教育学科建设的现实基础、重要范畴、基本要素、逻辑起点、社会责任、时代使命等最具现实价值和根本意义的因素进行深度剖析的基础上,提出了"历史使命与社会责任是现代成人教育学科发展的决定因素"的命题,进一步揭示了在复杂的现代社会条件下,成人教育学科发展的动力源泉和价值追求,从而在理论与实践两个层面上,为成人教育学科的建设与发展带来些许新思维。期待本书不仅对成人教育学科建设起到添砖加瓦和拾遗补阙的作用,更为我国成人教育学科发展增添一抹亮色。

《成人教育学科建设的现代视阈》一书,涉面宽广、内涵丰富,给人以有益的启迪与帮助,这不仅体现了本书作者孜孜不倦与执着追求的学术品格,更显示了作者与时俱进和勇于创新的科研精神。

作 者
2021 年 2 月

导　读

　　本书以我国成人教育学科建设为逻辑起点,以现代社会发展为行进空间,从成人教育学科建设的诸多要素中,截取了最具意义和最为本质的现实表象作为研究的主要对象,在对成人教育、成人高等教育、成人学习进行理论分析的基础上,着力探究符合成人教育学科建设要求的逻辑起点、关键环节和时代使命,力图为成人教育学科建设提供更为宽广的社会视野。

　　本书围绕"成人教育、成人高等教育、成人学习、学科属性内涵定位、学习模式构建、专业人才培养"六个方面展开研究。

　　第一章:本章对成人教育学科建设的现实基础进行全面梳理,重点深入研究和重新解读国家责任与成人教育、科学发展与成人教育、成人教育发展模式转变、成人教育法制推进等现实要素,对成人教育学科建设的重大影响与作用,从本然层面上寻求现代成人教育学科建设的源头内力,为后续研究提供铺垫。

　　第二章:以我国成人高等教育为抓手,从成人高等教育"依法强师"的时代视野、成人高等教育开放办学的发展思路、高校成人教育开放办学机制的构建以及北欧五国成人教育改革的本土引思等方面切入,以揭示成人高等教育与成人教育学科建设的内在关系,阐明成人教育学科建设的必然性与必要性,由此把握成人教育学科建设的可能性与可行性,为本书的后续阐述提供新思路。

　　第三章:深度思考成人学习与成人教育学科建设的逻辑关系,成人学习变革对成人教育学科建设的推动作用,尤其是通过对成人"自性"学习、成人学习行为、成人"乐学"心理、成人转化学习的理论探究,发现成人学习与学科建设密切相关的因果与细节,从而阐明成人学习是现代成人教育学科建设的基本要素,开阔后续研究的视野。

　　第四章:从成人教育学科属性与定位、成人教育研究的危机与策应、成人教育期刊的困厄与变革等内涵要素入手,揭示成人教育学科建设的科学性与专业性,把握成人教育学科建设的逻辑起点,为现时与未来的成人教育学科建设铸新创义,并为进一步研究提供理论依据。

第五章:指明专业学习模式构建是成人教育学科建设的关键环节,通过对学科研究生学习、专业学习模式的基本架构、学科专业学风建设等重大问题的深入研究,明确成人教育学科专业学习模式构建的指导思想与总体目标、基本原则与功能设计,并从社会环境、学习生态、学习引导机制、学习评价机制和学习资源互补机制五个方面,对学科专业学习模式构建进行科学设计,为本书从理论走向实践提供可行路径。

第六章:以成人教育学科专业人才培养所面对的挑战和困厄为切入点,就学科导师队伍建设、专业人才教育模式、专业人才培养质量等现实问题,从理论与实践两个层面进行阐释与论述,阐明专业人才培养是成人教育学科建设的时代使命,为成人教育学科建设注入历史基因和时代活力。

目　录

第一章　成人教育是学科建设的现实基础

成人教育学科作为社会经济、政治文化、科技教育发展的产物，历史性与现实性相统一、国际性与本土性相协和，当是其建设与发展的应有之义。从历史性与现实性联系上看，所谓历史性不仅是对成人教育学科发展历程"抽象的一般变化"的洞见，更是包含了历史发展变化思想和立足于时代的现实感。现实性则是指，成人教育学科在社会历史过程中存在和发展的必然性，以及在学科建设活动中的社会关系和政治关系。显然，历史性和现实性的统一，不仅为成人教育学科建设确立了价值导向，也为解决学科建设中的种种困境提供了方法论选择。同时，就国际性与本土性关系而言，强调成人教育学科建设，既要承接近百年来的国际成人教育学科建设思潮，将国际成人教育学科建设的成功经验和前沿理论引入自我建设过程。与之相应，还应当对有史以来的成人教育学科建设的本土思想进行系统梳理，对丰富的本土学科建设实践进行科学的理论提炼。此外，更应当对未来的成人教育学科建设做出既具国际视野又重视本土情感的发展畅想，以及给出富有价值的实践指南。

由此，我们完全有理由认为对现代成人教育学科建设的研究与探讨，必须以成人教育为现实基础。目前，学术界甚至成人教育学科领域内，一些人谈起成人教育学科建设问题时，总是以形而上学的眼光把成人教育学科建设定格在某一历史时期或某一社会阶段，或断章取义地解读成人教育学科建设的某些理论和实践来源，把成人教育学科建设归结为某些历史因素或社会任务，一旦这些因素消失或社会任务完结，就由此否定成人教育学科建设的必要性与必然性，尤其是关于成人教育与成人教育学科的关系问题，学术界和业内只是简单地归结为"成人教育"是"成人教育学科"的研究对象。从狭义上看，这种判断虽有一定的依据，但就广义而论，却显得过于片面而简单。无论是从历史的视度还是现实的角度，成人教育与成人教育学科之间都有着更为深层的本质联系。现有史料与典籍已印证，成人教育是成人教育学科存在与发展的现实基础，它不仅奠定了成人教育学科的认识论和方法论的体系，更为成人教育学科建设与发展提供了丰厚的实践养料。从春秋时期的百家争鸣,到唐宋元明清时期的书院教育,直至近代的实业教育,以及现代的终身教育、培训教育、继续教育、工农教育等莫不如此。在此意义上,揭示成人教育的内涵与本质就成为深入研究现代成人教育学科建设的前提与基础。

本章对成人教育学科建设的现实基础进行全面梳理,重点深入研究和重新解读国家责任与成人教育、科学发展与成人教育、成人教育发展模式转变、成人教育法制推进等现实要素,对成人教育学科建设的重大影响与作用,从本然层面上寻求现代成人教育学科建设的源头内力,为后续研究提供铺垫。

第一节　国家责任与成人教育盛衰

国家责任是成人教育必须履行和最为根本的责任,我国成人教育发展史实质上就是履行国家责任与自身发展轨迹交织与重合、矛盾与差异的辩证史,国家责任的承续及履行国家责任的优劣始终是我国成人教育盛衰的决定性因素,我们从历史与现实的视野来考察国家责任与成人教育盛衰的关系,应具有历史与现实的双重意义。历史有了使命才会前进,事物有了责任才能升华。在阶级社会或有阶层的社会中,成人教育作为政府的基本职能,总是承担着多种社会责任,在这些交错叠加的社会责任中,国家责任无疑是其中最为重要和极其紧迫的责任。没有国家责任,其他社会责任就会流于形式甚至消失无形,成人教育的生命就会失去弹性,很容易风干和脆折,也就谈不上为成人教育学科建设提供应有的导向与养分。回溯我国成人教育曲折跌宕的发展历程,"盛也于斯,衰也于斯",无处不徘徊与闪烁着国家责任的身影和光辉。从历史与现实的视野上考察国家责任与成人教育盛衰的关系,不仅有助于人们对国家责任的深度认识,也对现代成人教育的发展提供些许有益的思维和借鉴,具有历史与现实的双重意义。

一、国家责任生态:成人教育盛衰的决定因素

成人教育的兴盛与衰退,生存与发展,离不开历史与时代赋予的社会使命与国家责任,在我国成人教育发展历程上,不同时期的国家责任以及履行国家责任的优劣,不仅直接关系到成人教育生存与发展环境,决定成

人教育的盛衰,而且对社会经济的发展产生重大影响。

（一）国家责任决定成人教育发展历程

从社会学上看,在国民教育领域中,国家责任应是国家和政府根据一定时期内社会经济发展和广大人民群众的教育需求,对某种教育制度必须承担的社会责任的一种认定,也是社会和广大人民群众对该教育制度应有价值的一种判断和要求。这种国家认定与社会判断和要求,决定一定时期内此教育制度的发展进程。我国成人教育作为一种学制制度和教育制度而建立,在长期发展过程中,曾有过多次兴盛发展甚至是跨越式发展的阶段和衰退时期,从某种意义上都可以说是与国家责任有着必然的因果关系。

在新中国成立之初,由于党和政府的高度重视和对成人教育社会责任的明确认定,把在全国范围内进行识字教育和扫除文盲工作作为成人教育的主要社会责任,为此,国家在教育部设立了社会教育局,成立了"全国扫盲工作委员会"和"全国扫除文盲协会"等政府机构,制订了《工农速成中学实施方案》,国家政务院和教育部分别把工农教育的方针、任务、制度、教学、经费、组织领导等用指标、决定、条例、办法等形式规定下来,并把成人教育列入国民经济发展规划,由此,我国成人教育出现了首次兴盛发展的好局面。在社会主义建设时期,政府赋予了成人教育新的社会责任,把成人教育的社会责任由提高人们文化水平上升到为社会主义建设培养专业化人才的高度,把普及文化知识提升到国家学历教育层次,国家将高等函授教育和夜大学教育的发展列入全国教育事业规划并进行规范化管理,出台了诸如《关于大力发展高等学校函授教育和夜大学的意见》《普通高等学校函授教育暂行工作条例》《关于加强干部教育工作的意见》等一系列政策规定,使我国成人教育跨入了由业余走向正规的发展新阶段。改革开放时期,政府对成人教育的时代使命和社会责任进行了重新定位,创立了"成人高校招生制度",推进成人教育制度化和体系化,提出了"高等教育两条腿走路"的发展方针,把成人教育的社会责任提高到与普通高等教育相同的高度,从此,我国成人教育在科学、规范、和谐发展的轨道上,进入了前所未有的"跨越式"发展的新阶段。

上述历程表明,成人教育作为政府重要职能,与其他类型教育一样,从诞生之日起,它的性质、目的、政策、领导权、受教育权等受制于国家的政治、经济制度,并随着政治经济制度的变革而变革,不同时期的成人教育的发展除了有管理体制、运行机制、教育结构等内外因素作用外,政府对社会责任的认定更对成人教育发展具有导向性和生存性意义。政府对成人教育一个时期或阶段内的社会责任和基本使命的认定,实质上是对一定时期或阶段内成人教育的社会职能、发展定位、目标任务的明确。而正是这种明确通过政府相应的政策法规或制度建设、红头文件的下发、各种配套举措的推出和各种媒体的广泛宣传,形成一种家喻户晓的社会共识,进而转化为成人教育轰轰烈烈兴盛发展的必要社会条件。

（二）国家责任影响成人教育发展现实

成人教育的生存和发展离不开国家责任,这是不争的事实,但纵观世界成人教育发展历史和我国成人教育发展历程,就会发现国家责任并不总是与社会经济要求和成人教育发展实践呈"正相关"趋势,在某些历史时期或发展阶段内,由于种种客观或主观的因素,国家责任可能出现泛化、弱化、虚化甚至消失的现象,这必然严重制约成人教育的发展进程。从以上认知来看,现阶段我国成人教育面临的生存与发展的现实困厄,很大程度上源于国家责任的模糊。

一是国家责任泛化引发成人教育导向迷惘。进入 21 世纪,成人教育在基本完成学历补偿使命和责任后,政府并没有对成人教育将要承担的社会新责任进行明确和认定。近些年不仅在政府工作报告等国家纲领性或权威性文件中难觅成人教育字眼,而且在一般性国家文件中也很少提及成人教育,至于成人教育如何发展、发展目标、发展任务等更没有国家权威性文件阐述。而在 20 世纪八九十年代,几乎每年的政府工作报告或其他国家级纲领性和权威性文件中,常看到国家对成人教育的发展目标和社会责任的明确阐释、精确认定和宏观指导,并出台了一系列有关的政策方针与之配套。两相比照,从某种角度上就不难发现成人教育国家责任的泛化趋势,也正是由于这种国家责任的泛化趋势,致使现阶段成人教育在发展实践中经常处于定位不准、方向不明、界面不清、社会不满、学术质疑的迷惘境遇。

二是国家责任弱化致使成人教育发展失衡。国家责任离不开政府职能部门管理与指导,然而,在成人教育亟需政府集中指导和大力扶持的关键时刻,教育部成人教育司和各省教育厅的成人教育处却相继撤并,整体职能被分解,尽管成人教育职能在其他教育管理部门有所反映,但已失去了独立主体的资格,成为配角或陪衬,而政府主管职能部门的消失,意味着成人教育国家责任开始淡出政府职能视野,正渐离政府调控范畴,所带来的直接后果就是国家责任的弱化。近些年我国成人教育出现的"质量问题"结构问题""无序问题""功利问题"等,很大程度上就是由于国家责任弱化,缺少统筹发展的权威领导,导致统筹、协调、均衡失控,只能凭借惯性作用,在市场经济大潮中随波逐浪、无序沉浮。

三是国家责任虚化导致成人教育进退失据。在市场经济条件下,没有法律法制的支撑,成人教育应有的法律地位和社会地位就缺失法制基础,它所承担的国家责任就始终存在一个是否符合法理原则,是否有法律依据的问题,国家责任的虚化也就难以规避。然而,迄今为止,尽管广大成教工作者多年来千呼万唤,我国成人教育的基本大法《成人教育法》却始终没有出台,只是在《高等教育法》与《职业教育法》中"点题"而已。没有法律法规的支撑,使成人教育履行国家责任时总有"无根无本,无凭无据"之虑,总担心由于"法治"不足而出现"人治"悖相,在激烈的市场竞争和国际竞争中总显得底气不足,常落下风,从而导致成人教育国家责任很大程度上流于形式,近似一种"摆设"。

二、国家责任认知：成人教育误区及其因果

现阶段,我国成人教育具有生产力和上层建筑双重属性已是社会共识,与此相适应,在建设社会主义和谐社会时期,传播知识创新文化,培养人才和服务社会应是成人教育国家责任的基本内涵,而"以人为本"的价值理念则是贯穿其中的精神内核。然而,在以往的实践过程中,人们对国家责任的认识还存在诸多误区,并由此对成人教育的盛衰产生因果性影响。

（一）是"以人为教育之本"还是"以人为发展之本"

"以人为本"这个哲学命题,就成人教育国家责任而言,蕴含着极其重要的现实意义和时代意义。它表明,成人教育发展的终极目标是为了人的全面发展。集中体现了成人教育"服务国家、服务社会、服务群众"的根本办学宗旨和"服务育人、办学为民"的办学理念,表现了成人教育坚持以满足最广大人民群众接受高质量教育需求为基本出发点和归宿点的价值追求,是否坚持"以人为本"是度量成人教育履行国家责任方向、程度和质量的基本标尺。

然而,在成人教育以往的实践过程中,对"以人为本"这个国家责任核心理念的认识尚存在误区,并由此对成人教育盛衰产生负面影响。从认识论上看,"以人为本"概念本身是一个既抽象又具体的价值范畴,在社会主义市场经济条件下,在具体阐释如何"以人为本"时,对此理解的侧重点则有所不同,实际上已形成了"以人为发展之本"和"以人为教育之本"两大认识模式。"以人为发展之本"强调的是人对行业发展的重要性,关注的是人的数量、人的层次、人的结构对发展的影响,追求的是办学规模和办学效益等现实物质价值。而"以人为教育之本"则突出人在事业中的主体地位,注重人的培养质量、培养目标、培养标准,以满足全体人民接受高质量教育的要求,推进人与社会和谐发展为最高价值取向。

从以上两者比较中可以发现,"以人为发展之本"实质还是"以物为本",它不是把人作为成人教育发展中最活跃、最革命的因素,充分调动"人"的积极性、主动性、创造性,充分发挥"人"的因素在完成国家责任中的最大效用,而是把"人"的因素物质化,等同于生产领域中的机器、设备和资金等"生产资本",这种把"人"物质化的理念在实际运作的过程中,往往注重办学规模的力量超过了注重教育质量的力量,关注教育产业化的程度超过关注教育社会化程度,并由此促发了生源恶性竞争、人才培养结构性重叠等始料不及的社会现象,衍生了与成人教育国家责任要求相悖的"社会信用危机""社会心理危机""社会生存危机",成为影响成人教育盛衰的认识论根源。

(二)是"服务社会发展"还是"满足市场需求"

从国家责任内涵上看,成人教育的发展应表现为多样化地满足社会和市场日益高涨的教育需求,从社会学上认知,这种满足应表现为两个方面:当教育资源相对短缺,个人学习需求旺盛时,成人教育的发展应考虑教育支付问题,以满足市场需求为着力点;当教育资源状况有所改善,成人教育在满足社会日渐高涨的教育需求时,应具备社会视角,倾力满足社会"弱势群体"的教育需求。由此,在成人教育履行国家责任过程中,出现了是"服务社会发展"还是"满足市场需求"的现实问题,尽管两者在理论上似乎难解难分,但在实践中却代表两种不同发展倾向。在市场经济背景下,由于我国现阶段社会经济发展不平衡性以及社会群体经济状况的差异性,社会发展要求与市场需求表现并不呈一致性,有社会发展要求但不一定有市场需求,而有市场需求又不一定是社会发展的要求,例如,社会经济发展迫切要求大力发展农村成人教育,特别是农民工的就业岗位技能培训教育,但由于农村经济发展的落后,使大多数需要培训的农民难以支付所需的教育费用,尽管人数巨大和社会要求迫切,但在市场上却看不出有多大的需求表现,如果只是一味"满足市场需求",那么成人教育在履行国家责任时必然会出现盲区和缺漏。而"服务社会发展"却是要充分张扬成人教育的社会公益属性,以满足社会发展要求和推进人与社会和谐发展为最高价值取向,坚持以人为本,促进人的全面发展,从而推进社会进步和经济发展,将对社会负责的理念落到实处。

以往实践表明,在社会主义市场经济条件下,我国成人教育作为与市场联系最为紧密的教育类型,在履行国家责任的过程中始终存在一个市场情结,在某种程度上可以说,满足市场需求已成为成人教育发展的起点和行进空间,在实际运作中,大多办学机构往往突出成人教育产业属性,以满足市场需求为最高价值目标,一切以市场价值规律为基本运作导向,并尽可能把它运用于成人教育所有方面,但结果显示,在社会主义市场经济尚不完善的情形下,这将导致关注市场、关注经济效益成为发展的主导倾向,容易忽略对教育主体的"人"的关注,难以规避"利大大干、利小小干、无利不干"的市场规则,极易产生"结构失调""发展不平衡""恶性生源竞争""地方保护""乱收费"等所料不及的严重后果,成为影响我国成人教育盛衰的现实根源。因而,成人教育履行国家责任过程中,必须澄清"服务社会发展"和"满足市场需求"的差异,把"服务社会发展要求",即"推进人与社会和谐发展的成人教育"作为履行国家责任的基础与前提。

(三)是"提升整体素质"还是"提高个体层次"

近些年受市场竞争和就业形势严峻的影响,在成人教育履行国家责任中出现了一些认识,是注重人才实际能力的培养,提升学生整体素质,推进"人"的全面发展,还是呼应学员就业需求,提升个体学历层次,已然成为成人教育如何履行国家责任的不同方法论选择。一种观点认为,成人教育学员作为社会细胞,学习的主要目的就是为了更好地就业,成人教育应把提高学员个体的学历层次作为主要责任。另一种观点认为,成人教育作为连接传统教育向终身教育发展的社会组织,"以学生为本"应为首要观念,推进"人"的全面发展,进而提升全体公民的整体素质,应是成人教育国家责任的主要方面。这两种不同的思想理念在实践中产生截然不同的社会行为。

持全面发展论者,以本着对社会发展和学生发展负责的态度,坚持促进人的全面发展的本质要求,以人民大众"满意不满意、赞成不赞成、高兴不高兴"作为办学的逻辑起点和落脚点,注重办学规模与质量、办学效益与社会发展的和谐,为成人教育的兴旺发展提供方向性保证。与此相对立,持提高个体学历论者,片面理解成人教育国家责任,把内涵深远外延广阔的国家责任仅局限于满足学员个体学历需求的层次上,究其实质可以说是一种"功利"意识,在实际运作中,往往为了眼前利益或少数人利益而放弃原则和目标,打着满足学员学历文凭需求的幌子,其实是想以此吸引更多的生源,企图得到更多的经济效益。于是,在履行国家责任过程中,人才培养的无原则性和无目标性,教学的随意性和学习的放任性等现象泛滥,学员不经意间就拿到了学历文凭,而办学机构也获得了经济利益,似乎出现了学员与学校双赢的好局面,但由于没有基本学习时间和基本考核作为质量保障,这样培养出来的学生除了握有一张国家承认的学历证书外,并不具备相应的能力和素质,当然不会被社会和市场所认同,引起社会和学术界的诘难与质疑也在情理之中了,最终损害的还是成人教育社会品牌和人民大众的根本利益,成为影响成人教育盛衰的方法论根源。

三、国家责任启示:功能转型乃教育兴盛之道

充分发挥社会功能是成人教育履行国家责任的基础与前提,如何解决现有社会功能与所承担的国家责任不相适应的现状,不断丰富社会功能的内涵和不断伸展外延,应是现阶段成人教育履行国家责任中最为紧迫的任务。

(一)多下功夫促进服务功能的"三个转向"

服务社会经济发展是衡量成人教育国家责任履行程度的主要标尺,以此来衡量,就会发现当前我国成人教育发展中出现的重大问题莫不与之密切关联。社会发展要求成人教育具有国际眼光和全局的服务视野,但目前成人教育的服务范围还基本局限于国内城镇区域,对国际和国内广大农村地区,特别是老少边穷地区顾及甚少,由此产生成人教育发展和谐性问题;社会发展要求成人教育服务对象具有广泛性,而现时的成人教育基本上只为能支付教育费用的社会群体提供服务,而对广大人民群众和社会发展迫切需要的社会义务性服务涉及不多,由此引发成人教育的功利性问题;社会发展要求成人教育的服务方式呈多样性,但至今成人教育仍以传统的学历教育作为基本服务方式,而对非学历教育尤其是社会发展迫切需要的农民工职业技能培训则表现出整体性缄默,因而导致成人教育发展的协调性问题;社会发展要求成人教育具有多维性服务能力,而现实的成人教育社会服务能力主要表现在教育培训方面,以至产

生成人教育"代替性"问题。这些问题的相互叠加和轨迹重合直接导致成人教育的盛衰转向。

因而,促进社会服务功能的转型,从某种意义上说,是成人教育对社会经济发展要求和国家责任的积极应对,同时也反映了人们对成人教育原有的服务模式和服务能力的不满,迫切要求成人教育加速变革服务功能,实现由以往简单相加方式向集聚与倍增方向转化,使其基本内涵表现出由传统服务体制向现代服务模式的动态转换,显现出由单一的培养人才功能向教育培训、科技创新、经济贡献、社会服务一体化方向发展的大趋势,能满足种种挑战(包括社会进步、政治变化、经济增长、科技发展、人口增长、信息社会、闲暇社会、人际关系、意识形态等)所引起的对教育的需求。

具体来说就是要实现"三个转变":一是服务方向由注重服务规模向注重规模、结构与质量并重方向转变,从根本上改变以往社会教育服务过程中出现的"规模与质量相悖""人才培养结构性不足""结构性过剩"等问题。二是服务能力由单纯的教育服务向教育服务、科技创新、经济贡献同步方向变迁,彰显现代成人教育多元化的社会属性和多样化的办学特色。三是服务范围由局限国内服务向国内与国际服务共存方向转进,由局限城镇向城乡共进方向发展,加速成人教育"走出去、引进来"的双向发展进程。

（二）始终不渝坚持增效功能的"三个并重"

成人教育自诞生伊始就担负着推动经济发展的国家责任,但对如何完成这项使命却存在着理念和行为方式上的困惑与偏离,以往成人教育推动经济发展的增效功能主要是附载在办学个体机构的管理体制、人才培养体系、教学管理模式、资源投入运行机制的变革上,基本上是以提升成人教育领域内个体机构的办学效益为主要目标。随着社会经济的发展,特别是在社会主义市场经济体制不断健全与完善的今天,这种狭隘的增效理念和功能,已远远不能适应社会经济发展的要求,市场经济的快速发展不仅需要成人教育办学个体机构积极回应,而且要求人们对成人教育促进经济发展的认识,从增效的目的、形式到手段,从增效方式到增效理念进行重新认识,在整体统筹协调下把成人教育自身现有的整体资源优势和特色优势整合起来,经过理性的梳理、归纳、升华,转化为成人教育整体性新型增效功能。

成人教育增效功能的转型,集中体现在坚持增效功能的"三个并重"

上。首先,增效方式由外延式为主转向内涵式与外延式并重。长期以来,我国成人教育增效主要通过扩张办学规模,发展教育项目,提高教育收费等外延方式进行,而忽略了优化办学结构、提高教育质量、创新投入机制、开源节流、减负增效等内涵式增效方式,以致"粗放式""地摊式"办学现象蔓延,结果不但没有增长效益,反而浪费了宝贵的办学资源。其次,增效方式由注重经济效益转向经济效益和社会效益并重。在市场经济下,由于一些办学机构没有把握好社会效益和经济效益的关系,成人教育趋利现象普遍,致使经济效益显著的学历教育出现"跨越式"发展,而经济效益低的非学历教育尤其是农村成人教育则发展迟缓甚至停滞,这种人为的教育结构畸形,必定产生人才结构性过剩或人才结构性短缺等现实问题,成人教育也因此由推动经济发展的力量蜕变为影响经济发展的因素。再次,增效方向由关注教育效益转向教育效益与科研效益并重。重教育效益而不重科研效益,也是成人教育在推进经济发展过程中的突出问题,尽管近些年成人教育的教育效益呈不断增长趋势,但科研效益却长期低迷,建立产学研联合体,把成人教育科研成果转化为社会生产力的目标迄今还留存在思想和理念中。纵观创新时代,在科研创新已成为衡量一个国家或一个行业生存与竞争能力的潮流下,成人教育如果不具备科研创新和科研转化能力,形成科研生态,那么,成人教育在履行国家责任时必定是苍白和乏力的。当然,这种增效功能的转型,是一种历史与现实、责任与利益、整体与个体的激烈碰撞,涉及方方面面的利害关系,除了要有充分的思想准备和足够的心理承受力外,更需要社会、政府、学校等多方面的共同努力。

（三）下大气力推进发展功能的"三个互动"

在履行国家责任过程中,始终存在一个履行能力的高低强弱问题。就成人教育而言,要有效履行国家责任,实现与社会经济同步发展的目标,推进发展功能的"三个互动"是当务之急。"三个互动"是成人教育主动回应国家责任的积极举措。在发展机制上,推动固态发展模式与动态发展模式的互动,固态发展是成人教育长期以来的主要发展模式,明显滞后于社会经济发展的需求,而动态发展模式是具有市场经济特色的现代发展理念,只有通过双方互动,成人教育才能进一步协调政府调控管理与市场需求引导的关系,在政府宏观调控和市场引导的双重作用下,实现管理体制和运行机制的现代化,大幅提升履行国家责任的层次与水平。在发展结构上,促进学校发展与社会督导的互动,实践表明,以学校发展为主的单边发展构架是成人教育"各自为战""无序发展"现状产生的重要因素，也是引发各办学机构"互为对手"的恶性竞争的温床，已不能适应国家责任的要求，必须引入社会化的多边发展形式作为补充。只有在学校发展与社会发展的互动中，才有可能从整体上比照社会发展要求与成人教育发展实践的差异，有利于成人教育及时校正发展方向、调整发展结构、改进发展行为，更好地履行国家责任。在发展方式上，强化传统发展方式与现代发展方式的互动。传统发展方式在成人教育发展过程中占有重要地位，为成人教育的发展做出了积极贡献，但在现代教育发展的今天就显得落后和陈旧，急切需要用现代教育科技加以改造，形成传统发展方式与现代发展方式互动的良好生态，即以现代发展方式巩固和张扬传统发展已取得的经验和成果，同时又用传统发展方式健全和完善现代发展方式，通过两者的相互作用、相互促进，实现成人教育发展理念和发展水平的全面提升，为成人教育实现国家责任注入新的生机与活力。

第二节　科学发展与成人教育创新

教育创新是我国成人教育推动经济社会发展最核心的实践活动。在新形势下，成人教育要实现以"全面发展的人"促进"人的全面发展"，进而推进社会经济全面发展的改革目标，最根本的途径就是把"科学发展观"这个具有突破性的发展理念贯穿于教育创新实践全过程，落实到教育创新实践的各个环节之中，全面提高成人教育创新能力。在建设创新型社会过程中，成人教育作为国民教育体系的重要组成部分和推动经济社会发展的基础性产业，发展目标是明确而清晰的，就是要通过加快教育创新能力建设，提高教育创新质量、水平、层次，使"坚持以人为本，树立全面、协调、可持续发展观，促进经济社会和人的全面发展"的科学发展观，在成人教育创新过程中得到全面贯彻与落实。

一、成人教育创新是科学发展的应然之举

科学发展的核心是实现经济、社会和人的全面发展，而在这三个全面发展中，人的全面发展是最终目标；人是发展的主体和动力，社会和经济的发展都是为了满足人的各种需要。因而，坚持以全面教育创新促进人的全面发展，进而推动社会经济发展，这是科学发展在成人教育领域中本

质属性的集中体现。

（一）成人教育创新是科学发展的实践平台

从认识论视角看,科学发展观作为我们党全面建成小康社会,实现全面建设社会主义现代化国家的新目标始终要坚持的重要指导思想,是以习近平同志为核心的党中央坚持以毛泽东思想、邓小平理论、"三个代表"重要思想与我国长期发展实践相结合的产物,是我国社会主义建设实践经验的总结和理论升华。因此,要切实发挥科学发展的理论指导作用,就必须把科学发展引入社会主义现代化建设的具体实践中,在总领全局的视野下,贯彻到每个行业、每项工作的始终。

就成人教育而言,教育创新活动则是成人教育最基本的实践,除了有与其他教育创新实践相同本质属性外,还有着与众不同的特色与个性。一是鲜明的时代性。追溯成人教育发展的历史,我们可以发现,全球范围的成人教育运动风起云涌,反映了人们对以往的传统教育尤其是精英教育的体系与模式的不满,迫切希望用非正规教育乃至用非学校教育来改变现状。与其他教育相比照,成人教育同样有着其特定的发展规律以及社会化的特点与任务。特别是在改革开放时期,社会变革无时不向成人教育提出与之相适应的种种严峻挑战,成人教育面临着前所未有的各种发展困难与生存危机。因而,进行多元化教育创新是成人教育的历史使命和社会责任,也是成人教育兴起与发展必然张扬的时代特色。二是多样性。按照生理学划分和社会观念,"成人"的概念十分广泛,从十八岁青年到耄耋老人均属成人范畴。因此,成人教育社会实践呈多样性发展特征,并随着时代的发展其内涵与外延需要不断创新,在20世纪先后创办了成人高、中等学历教育以及农村教育、扫盲教育、职工教育、干部教育等,进入21世纪,随着社会经济的发展,人们对学习需求的持续高涨,又创建了社区教育、继续教育、农民工教育、回归教育、远程教育等诸多社会教育形式,成人教育创新实践将向更广阔的领域持续前行。三是务实性。与其他教育类型相比,成人教育是与社会、市场联系最为紧密的教育类型,它的发展不仅受社会经济发展和市场需求的深度制约,同时又对其他产业的发展具有拉动和促进作用。因此,成人教育的创新又具有很强的务实性特点。

上述个性都是通过成人教育创新实践来表现的。那么,科学发展要在成人教育领域彰显自身的理论性与实践性、现实性与前瞻性、继承性与创新性相结合的理念与精神,就必须把教育创新实践作为指导成人教育发展的平台与评价标准。进一步整合成人教育创新资源,扩大成人教育创新范畴、拓宽教育创新渠道、提高教育创新质量、提升教育创新层次,无疑是科学发展在成人教育领域内全面贯彻与落实的现实基础。

（二）成人教育创新是科学发展的能动反映

成人教育创新活动是在一定思想指导下,自觉地、有目地进行的社会实践活动,对科学发展又具有能动作用。

一是教育创新实践推动科学发展与成人教育有机融合。科学发展作为科学的世界观与方法论,属于理性认识范畴,是否对成人教育发展具有指导作用,这在理论上是无法解答的。要科学解答这个问题,只有把科学发展运用于教育创新实践,预见成人教育发展的趋势与前途,指出正确的发展方向与途径,提供正确的方法论指导,看它是否能够达到预期目的。如果能达到目的,就证明这个认识是正确的,人们就会自觉地把科学发展贯彻落实到成人教育创新发展的各个环节、各个方面,推动两者有机融合。

二是教育创新实践能推进科学发展深入人心。科学发展作为一种发展理念与指导思想,属于思想范畴,具有抽象性,它本身不会引起客观事物的任何变化,更不会把理想、目标、理念等自动变为现实的东西。一个好的理论、好的思想只有被社会所理解,为广大群众所掌握,才能真正成为推动改革发展的锐利武器。成人教育创新过程是广大成教工作者主观见之于客观的社会实践活动,是人与社会关系的重要方面,教育创新实践要求广大成教工作者充分发挥人的主观能动性,主动地掌握科学发展的精髓,自觉地把科学发展运用于成人教育改革发展全过程与全方位之中,才有可能实现成人教育创新发展的目标。

三是教育创新实践促进科学发展不断发展与完善。客观事物是不断发展的,实践也是不断发展的,在实践中还会不断出现新情况、新问题。因此,人们的认识也要不断发展。科学发展作为人们认识世界、改造世界的认识论与方法论,又必须回到实践中去,只有在指导成人教育实践活动中,才能发现自身在哪些方面不符合实践要求,并用新的实践经验的概括来修正、补充原有的理论认识,使它得到进一步丰富和发展,实现新的飞跃。

（三）成人教育创新是科学发展的本质体现

"以人为本"是科学发展的价值基础与核心内容,科学回答了发展目的问题,即发展归根结底就是为了实现社会的全面进步与人的全面发展。

以人为本是教育创新的出发点与落脚点,也是一切社会经济活动的着眼点和立足点。以人为本的实质是以人民群众为本,以人为本中的"人",首先是指广大人民群众,"本"指的是发展之本,即实现最广大人民的根本利益是一切创新之本。成人教育创新的根本宗旨是:顺应中国特色社会主义新时代的新要求,顺应社会经济多元化发展趋势,着眼于人的全面发展,以"全民教育"为逻辑起点,以全社会为行进演绎空间,以满足全社会日益高涨的公平而有质量的教育需求为目的,以继承性与创新性有机结合的方式进行教育创新,为不同阶层、不同年龄、不同需求、不同区域的人们提供具有多样性与统一性、差别性与同一性的新型教育服务,从而实现"以全面发展的人"推动"人的全面发展"的理想目标。

从认识论的角度上看,成人教育创新的根本宗旨和科学发展的本质属性是高度一致的,成人教育创新的主体是"人",创新的目标是不断满足社会最广大人民群众日益高涨的学习需求;创新的目的是要实现最广大人民群众的根本利益,更好地协调个人与社会、个人与广大人民群众的关系。通过推进"人"的整体发展进而推动社会经济发展。毋庸置疑,这不仅与我们党始终坚持辩证唯物主义和历史唯物主义的基本原理相吻合相一致,更是与科学发展倡导的"以人为本",坚持以最广大的人民群众的根本利益为本的核心理念高度统一。从某种意义上说,是科学发展的本质属性在成人教育创新活动中的具体化与现实化。

二、成人教育创新是科学发展的根本要求

科学发展的核心内涵是:"人本、全面、协调、持续",四者既有区别,又环环相扣,互相渗透,密不可分。其中人本是核心,全面、协调、持续是由人本派生出来的。全面是指经济与社会同步发展、经济与政治同步改革、物质与精神同步建设,协调是全面发展的保证,持续就是要解决好当前与长远的矛盾。因而,成人教育要全面贯彻落实科学发展,就必须加强教育创新能力建设。

（一）成人教育创新能力建设内涵

成人教育创新能力建设的内涵是:成人教育为了实现推进人的全面发展的历史使命,以教育创新为逻辑起点和发展空间,深化发展战略研究,科学制定教育创新发展规划;把握社会经济发展与市场变化趋势,坚持科学发展观念,拓展创新视野,培育创新环境,形成具有自身鲜明特色的教育创新理念、教育创新方式、教育创新手段,大幅度提高成人教育创新能力;加快教育创新管理体制与运行机制的改革,适应社会经济发展的要求,学会按市场规律、经济规律办学,善于开源节流,加强成本管理,增强综合实力,不断满足社会教育需求,获得社会支持与认同,提升成人教育社会品牌影响力。

成人教育创新能力建设的基本要素主要通过坚持"四个原则"表现出来。一是坚持全面发展原则。全面发展是成人教育创新能力建设的基点,不仅要注重创新对象与范畴的扩大,更要坚持创新质量与效益的内在统一。扩大创新对象是发展,提高创新质量是更大的发展,质量是教育创新的生命线,没有基本的质量要求,数量的扩张毫无意义。二是坚持协调发展原则。协调发展是成人教育创新能力建设的重点,一方面要大力发展成人学历教育,加大教育投入,改善办学条件,切实把传统的成人学历教育做大、做强。另一方面还要"多教并举",积极发展成人高等职业教育、岗位职业培训、社区教育等,形成多形式、多规格、多层次的教育创新生态。三是坚持均衡发展原则。均衡发展是成人教育创新能力建设的着力点,成人教育创新在以城镇成人教育为重点的同时,还应根据本地区的实际情况大力创新农村教育,调整布局、优化资源配置、改善办学条件,最终实现城乡教育同步创新的均衡发展局面。四是坚持可持续发展原则。成人教育创新能力建设不仅要看眼前,更要讲后劲,要不断调整教育创新的结构、修正教育创新的方向,挖掘教育创新的潜力,寻求新的创新节点,打造新的创新平台,实现成人教育的可持续发展。

(二)成人教育创新能力建设范畴

我国成人教育创新能力建设范畴主要包括以下八个方面:(1)学校学历教育是我国成人教育创新的主体部分,包括普通高校成人学历教育与独立成人高校学历教育,都是成人教育创新能力建设的重点范畴。(2)国际合作办学是我国成人教育创新影响面最广的方面,并随着我国对外开放与国际交流的发展而不断扩大创新空间,是成人教育创新能力建设的亮点。(3)流动人口教育服务是成人教育创新的重要方面,特别是创新农民工就业培训和岗位职业技能培训,具有广泛的社会性和紧迫性。(4)现代远程教育是我国成人教育创新的新层面,教育创新与现代科研的创新和发展有着天然联系,有着十分广阔的创新空间。(5)社会培训创新。目前我国成人教育培训服务大体包括管理培训、专业技术培训、岗位技能培训、语言培训、文化培训几大块,这方面的教育创新具有市场化特征,尤其是在高端培训方面已经是一个完全竞争和开放的市场,各类境外培训已成为这一市场的主流的现状下,对成人教育创新建设是一个新的考验与挑战。(6)社区教育创新。由于我国社区教育发展起步较晚,各项工作都存在不同程度的现实问题,社区教育创新已成为现阶段和今后长时期内成人教育创新能力建设的重要方面。(7)教育连锁创新。成人教育发展规模的不断扩大,有力地促进了相关产业的发展,带动了教学设备、教学仪器、教材图书、出版印刷、课件文具、商业和餐饮业等教育服务的快速发展。这些典型的由成人教育创新带动的教育服务,直接创造了税收和就业岗位,成为地区经济发展新的增长点,由此也产生了如何进行教育连锁创新的问题。(8)其他相关教育创新。主要指未列入上述各类的由成人教育所提供或带动的教育创新,如教育广告创新、教育展览创新、教育金融创新等。该类创新随着成人教育创新的发展而不断生成和拓宽,成为成人教育创新的补充力量。

(三)成人教育创新能力建设检验标准

第一是要使学员满意。学员参与成人教育的目的是明确的,就是要通过接受教育服务改变自身的知识结构、培养岗位职业技能,提高个体综合素质。因此,让学员满意是成人教育创新能力建设的第一要务和首要标准。要让学员满意,就不单是给他们发文凭,最要紧的是教给他们一技之长,培养他们的创造能力与实践能力,提升他们的市场竞争力。这就要求成人教育创新必须做好两个方面的工作:一是明确教育创新目标。实践证明,只有文凭而没有质量的教育发展是不可能持久的,也不可能真正使广大学员满意。只有通过创新专业结构、改革课程设置、优化师资队伍,切实提高教育质量,才能使广大学员满意。二是加强学员管理。管理即是服务,服务学员是成人教育创新的基本宗旨,通过加强对学员的管理,创新服务方式,提高服务水平,达到让学员成才的教育目的,从而全面提升广大学员对成人教育创新的满意程度。

第二是要使政府满意。成人教育创新仅仅使学员满意是不够的,还应该让政府满意。政府对成人教育的创新有多方面的期待。一是希望成人教育能提供更多的教育创新形式,让更多的社会成员能够享受优质教育服务。二是国家和社会经济的发展,特别是当地经济社会发展,急需成人教育培养大批量的本土化和专业化人才,能否进行有效教育创新就成为政府关注的焦点问题。三是能够为文化建设、科技建设提供强有力的智力支持。这就要求成人教育加快管理体制与运行机制的改革,不断扩大教育创新范围,不断拓展教育创新功能,提高教育创新层次与水平。

第三是要使社会满意。成人教育创新不仅要让学员满意、政府满意，更要让全社会满意。成人教育创新的落脚点就是推动社会经济发展。社会满意程度是成人教育创新的"温度计"，社会满意程度的高低，反映了成人教育创新的方式、结构、模式、结果能否适应市场经济发展需求。因而，让社会满意，不仅关系到成人教育的社会品牌、社会影响，还直接关系到成人教育的生存与发展。在市场经济条件下，成人教育需要通过教育创新，在不断满足社会发展需求的同时，取得应有的社会物质回报和精神认同；又要充分利用社会物质回报和精神认同，加大教育投入，改善办学条件，提高教育质量和水平，不断增强教育创新能力，形成良性循环，以推动成人教育可持续发展。

三、成人教育创新是科学发展的必由之路

成人教育创新目标表明，实现"三个提升"，让科学发展统领教育创新全局，贯穿教育创新始终，落实到各类教育创新环节中去，使教育创新直接作用于受教育者，促进其在知识技能、思想品德、行为规范、身心素质各方面发生变化，从而促进人的全面发展，已然是成人教育科学发展的必由之路。

（一）提升把握教育创新方向的能力

在市场经济条件下，教育创新是为了促进社会进步，还是仅为了取得经济效益，是成人教育创新的方向性抉择。当前，我国正处于全面建成小康社会和全面建设终身学习型社会的重要时期，这是人类社会不断进步和发展的一种理想社会，它以学习者为中心，以终身学习、终身教育体系和学习型组织为基础来满足社会全体成员各种学习需求，使社会全体成员充分发展自己的能力，进而获得社会与自身可持续发展。因此，成人教育创新的方向，就是要把各种类的教育创新与社会发展联系起来，把个体办学机构的教育创新与社会的发展潮流联系起来，使教育创新的发展与社会发展同步，从而推进我国社会经济的发展。

因此，把握好成人教育创新方向，首先要处理好教育创新与功利的关系。在市场经济条件下，成人教育创新需要得到社会的承认，并通过教育创新取得社会效益回报，两者不可或缺。但成人教育又必须把教育创新与社会经济发展联系起来，如果只重功利，必然导致大利大干、小利小干、无利不干的商业行为蔓延，教育创新目标和方向就将变味。因此，成人教

育要想在创新中实现社会效益和经济效益双赢,既要在不断满足社会发展需求的教育创新中取得应有的社会物质回报,又要充分利用社会物质回报,加大教育投入,改善创新环境,提高创新层次与水平,不断增强教育创新能力。其次要处理好学历教育与素质教育创新的关系。社会经济发展促进我国人才市场变化,市场对人才的需求正由重学历文凭向重视人才综合素质方面转变,成人教育创新应顺应趋势,调整教育创新方向,优化创新结构,对学历文凭教育和职业培训教育进行同步创新。不仅需要针对学历教育过窄的专业教育、过弱的文化陶冶进行全面加强,更需要在全面推广素质教育的模式、方式上有所创新。最后还要处理好传统教育创新与现代教育建设的关系。过去,成人教育创新的重点一直在传统教育领域,而对建设现代教育体系的创新意义认识不足,这十分不利于教育创新的发展,应把现代教育科技建设与传统教育创新融合起来,借助现代教育体制建设和现代教育科技的引入,对传统的函授教育、夜大学教育、脱产教育等进行现代化改造,为传统教育注入新的生机与活力。

(二)提升推动社会经济发展的能力

市场变化使成人教育面临严峻的挑战,曾拥有的市场优势正在消失,一些深层次的问题与矛盾逐渐显露。在与其他教育类型的横向比较中不难发现,它既不具有普通高等教育的优势地位,也不具备自学考试弹性学制、远程教育的现代教育科技、高等职业教育的国家关怀,更不享有民办教育体制,导致成人教育推动社会经济发展的能力衰竭枯萎,处于发展疲软、后继乏力的状态。因而,在市场经济条件下,成人教育创新的重点就是要有效提升推动社会经济发展的能力。

关注"三个群体"是成人教育提高推动社会经济发展能力的重要途径。一是要适应政府职能转变与制度创新需要,创新公务员的公共管理课程教育培训。二是要关注农民工群体。据统计,2019年我国农民工总量达29 077万人,2020年全国外出务工贫困劳动力超过2 800万人,为增加就业,缩小城乡差别、东西差别,应着力创新农村劳动力转移培训和实用技术培训及进城务工人员的职业教育和培训。三是关注在职人员群体。当前,随着现代科技的日新月异,知识创造周期、物化周期、更新周期变短,产业结构调整加速,要求劳动者接受职业再培训,以适应职业的变换。产业结构的变化,又必然带来职业结构的变化,成人教育要适应劳动者新的职业要求,就必须对岗位职业技能培训进行教育创新。

成人教育作为与社会经济发展联系最为紧密的教育类型,就是要通过教育创新,为"三个群体"提供高质量、实效性、灵活性的教育服务,塑造和培养新时代的社会劳动者,促使劳动对象的内涵不断向深度和广度发展,改变劳动性质和劳动形态,即把可能的劳动力变成现实劳动力,促进简单劳动形态转为专业化劳动形态、体力劳动形态转为脑力劳动形态,促进劳动密集型产业向技术密集型产业转化,为经济快速的发展提供强大的智力和人力支撑,实现推动社会经济发展的目标。

(三)提升社会先进文化建设能力

我们正处在一个相互依赖和多元文化的全球社会,对外开放不仅引进了先进的科学技术和管理理念,同时加速了与世界政治经济文化的交流。我国致力探索的是既能走现代化道路,同时又能避免与之共生的种种社会政治弊端,以规避西方社会的各样症候。我国发展对外文化交流,是为了吸取世界文化宝库的精华,而不是追求一种文化对另一种文化的"拯救",更不是一种文化对另一种文化的覆盖和征服,而是多元文化的共存,保护文化生态的自然发展。因此,随着全球化进程加速,各类政治、经济、文化跨国交流的扩大,不同文化与文明的冲突与融合会更加频繁,中华文化要着眼整个人类社会先进文化发展的前沿,不断从传统文化、外来文化中汲取营养,铸造新的辉煌,就必须大力发展教育。

成人教育作为中华文化的重要部分,需要通过加强教育创新,完成推进社会先进文化建设的历史责任。一是要把成人教育创新作为传播社会主义政治观念、意识形态和法律规范的重要途径,通过广泛的、多形式的、多层次的教育创新,向社会广泛宣传政治理论、政治学说,在广大公民中普及新的政治观念,推进社会政治的平等和民主化的进程,提高人民大众政治辨别能力。二是创新成人教育传播先进文化功能,特别是要利用普通高校举办的成人教育创新,充分发挥高校文化聚汇、交流与原创高地的优势,运用教育对先进文化的导向功能、延续功能和普及功能,有意识、有目的地将一定文化选择为教学内容,把先进文化的精髓纳入教育创新的全过程中,提高中华传统文化在全民心目中的地位。三是要提升成人个体对文化的批判思考能力。成人教育创新要针对文化交流本身不具有守恒性的特点,加强创新传统文化、加速文化发展和文化变迁的功能,提高广大群众辨别文化精华与糟粕的能力。

第三节　成人教育发展模式的转变

由外力拉动模式向主动内驱模式的转变,是现代中国成人教育发展的大趋势。这种转变,既是对以往中国成人教育发展过程中存在的诸如外部因素作用过度、人为拉动痕迹过重、功利驱使过强等现象的矫正,同时,又显明了人们对中国成人教育发展规律认识的不断深化,以及对其现实与未来发展方向的正确把握。这也表明,要实现中国成人教育发展模式的转变,阐明发展模式转变的内涵要义是基础,把握发展模式转变的现实条件是要害,而思考发展模式转变的主要方略则是关键所在。总体而论,在较长时期内,外力拉动是中国成人教育发展的主要模式。这种外力拉动模式虽然为中国成人教育带来了高速度的发展,却存在着发展目标不明、外部因素作用过度、人为拉动痕迹过重等重大缺陷,直接影响中国成人教育的可持续发展。这也表明,在新时代背景下,外力拉动模式已不能适应中国成人教育发展的要求,须在保持外力拉动的平面上,侧重于内生驱动力的形成与运用,促进发展模式由外力拉动式向主动内驱式发展转变。

一、成人教育发展模式转变的应有之义

主动内驱模式并不排斥外因作用,而是强调中国成人教育的发展不能仅仅依靠外因作用,而要通过内因的整合与重组形成内生驱动力。因此,如何科学认识发展模式的转变,以及模式转变的特征与方式,已是应有之义。

(一)发展模式转变的科学认知

主动内驱式发展模式是根据中国成人教育的本质属性和发展规律与趋势,把自身内在需求和内在力量作为驱动发展的主要因素,而把外部因素(包括社会、政府和市场等)作为推动发展次要因果,不仅以此作为成人教育发展目标定位和推进方式选择的基点,更使之成为业内的共同认识和共同行动。这也意味着,科学认知发展模式的转变对中国成人教育的发展具有重大现实意义,主要涉及两个层面。一是对其历史性的认识。成人教育发展模式的转变并不是一个孤立的事件,除了有现实因素的影响外,还应有历史的印痕。如果对中国成人教育发展模式转变的认识,仅

仅局限于发展道路的选择或某些现实因素的作用而忽视了从中国成人教育发展的历史进程去寻找转变的依据,不能从中发现转变的内在规律,进而揭示它的历史必然性,显然不符合科学认知的要求。二是对其现实性的认识。虽然中国成人教育历经了多种发展模式,但这些模式大多属于外部拉引式。无论是新中国成立初期的工农教育和扫盲教育,或是社会主义建设时期的培训教育和学历教育,还是改革开放初期的补偿教育和技能教育,外部因素都起着决定性作用。一旦外部因素作用减弱或消失,成人教育的发展就陷于困境或滞顿之中,难以彰显成人教育的主体地位和作用,既往发展过程中"一波三折"的现象就很能说明问题。这就说明,实现外部拉引式发展向主动内驱式发展的转变,以内在力量去驱动成人教育发展,不仅是中国成人教育发展的必然,更有现实的必要。

把模式转变明确定位为中国成人教育发展的中心任务,无疑是科学认知的现实表现。在新时代的大势下,发展模式的转变不仅能把成人教育领域内的各种力量和注意力集中到发展上来,还能最有效地把所需要的各种资源集聚于成人教育发展之中,并以此为基础,进行成人教育发展的规划设计、制度建设和政策安排,最大化地消解妨碍成人教育发展的不利因素,从根本上保证成人教育的发展不会因外部因素的变化而被人为地打断,实现中国成人教育的可持续发展。

（二）发展模式转变的显著特征

可以说,主动式是中国成人教育发展模式转变最为显著的特征。与以往的发展模式转变不同,它把主动性摆在了突出位置,强调成人教育在发展过程中,尤其是面对发展困境时,不是被动地等待发展环境的好转,而是以"主动而为"的理念,迎难而上,主动参与社会经济的发展,通过自觉转变发展模式的内部机制,打造新的发展动力,寻找新的发展增长点,谋取新的发展优势。具而言之,主要涉及两个层面。一是主动对接国家战略。尽管成人教育在诸多国家发展战略(例如科教兴国、人才强国等)均处于边缘位置,但换个角度看,成人教育又被这些国家发展战略容纳与覆盖,只要奋力冲破"边缘化"的观念围墙,消除"等、靠、要"的思想障碍,积极主动融入国家重大战略布局,并在主动对接国家战略中抢抓发展机遇,成人教育才可赢得更加广阔的发展空间。二是主动顺应时代潮流。成人教育要跟上时代的前进步伐,就必须纠正那些把阶段性或局部性职能作为成人教育的整体使命与全部责任,或把区域性、个别性经验作为成人教育发展基本规律的观念和行为,要从顺应时代发展潮流的视界,把握社会发展的大势,以满足社会发展需求为己任,自觉担负起应有的时代使命,进而彰显成人教育发展模式转变的社会价值。

根据国情和成人教育长远目标制定可行的阶段性发展目标,当是主动式发展的关键环节。这种阶段性目标,诉求在准确把握当代中国的历史方位,正确认识我国社会所处的发展阶段及其特征的前提下,进一步明确成人教育发展的定位与方向,并据此制定出符合社会发展阶段性特征要求的具体目标和行动方案,不仅将领域内分散的及有限的力量或资源集中起来,运用于现阶段成人教育发展最为关键和最为急迫的部分或项目,实现发展效应的最大化,同时,又通过一个个先后推出的具体规划(例如国家层面上的成人教育发展的五年规划,区域性的成人教育发展的年度计划等)之间的相互链接,形成一种主动式发展的态势,与时代潮流和国家战略同步行进,确保成人教育有序和稳步发展。

(三)发展模式转变的方式选择

选择自主式发展模式是中国成人教育得以正常发展的必要前提。这里所讨论的自主式并不是简单的"按自我的需求发展",更区别于以往那种"随意表达,独自决定,各自行动"的自发式发展,而是具有特定的意义。它是成人教育对自我发展目标的系统表达和有序推进,并不是业内机构、团体和个人的利益与需求的简单反映,并由此引申出两重内核。一是自强式发展。长期以来,成人教育为了在最短时间内得到快速发展,总是把外部因素作为推进自我发展的主要动力,少有把内部机制变革作为发展的原动力,虽然这种外引式发展可以在短时期内得到大量外力支持获得明显成果,但发展到一定程度,随着各种外因的减弱或消失,这条路就走到了尽头。因此,必须走自强式发展的道路,摆脱对外部因素的过分依赖,在内部因素的自主开发、自主激活、自主整合、自主创新上下功夫,走出一条具有自我特色的自主发展之路。二是自律式发展。成人教育发展过程中不能盲目和单纯地追求发展的规模和速度,也不能把经济效益作为衡量发展的唯一标尺,更不能为了追求发展的规模、速度和效益而无序、无章和无状地发展,而是要在发展过程中形成一种自律意识和自律行为,约束自我发展的行为方式,尤其是在规范业内发展行为,协调业内利益关系,维护内部公平竞争和正当利益等方面有所建树,从根本上改变诸如恶性竞争、乱收费、低质量等弊端,达到科学发展的目的。

自主创新应是成人教育自主式发展的合理内核。成人教育选择自主式发展的道路,就必须立足于自身具体国情之上,并在借鉴和吸纳其他国家成人教育或国内其他教育发展经验的基础上,依靠自身力量,通过独立自主的创新活动,在成人教育的发展思路、体系结构、制度完善、文化建设、管理模式、队伍建设、技术手段等方面取得突破性进展,从而牢牢把握成人教育自主发展的主动权和话语权,其中,要把文化建设作为自主创新的重中之重。历史已表明,文化建设是中国成人教育发展的内源力,没有文化的底蕴和文化的传承,成人教育的发展就不可能获得广泛的社会认同。要把传承文化、改造文化、创新文化作为自主创新的首要任务,且有所新意与成果。否则,自强式发展就没有底气,自律式发展也会失去方向。

二、成人教育发展模式转变的现实条件

要把中国成人教育发展模式的转变由理论变为现实,还需要诸多条件,其中最为紧要的是与现代价值观、社会公益和国家战略的有效结合。

（一）与现代价值观的有机融合

实现与现代价值观的有机融合,应是中国成人教育发展模式转变的首要条件。从实践上看,成人教育始终没有解决好自我发展与"服务社会主义现代化建设"价值观的关系问题。在计划经济时代,成人教育在扫盲教育、工农教育、学历教育等方面取得了较明显的成果。在市场经济条件下,一些人提出"成人教育要市场化"的观念,并试图以此作为成人教育发展的根据与方向。尽管这种市场化的发展为成人教育机构带来了一些经济价值,但也使成人教育丧失了应有的社会价值。从理论上看,上述状况的产生主要是由于人们过于关注成人教育的工具价值,却忽略了它的内在价值,才会出现这样或那样的偏差。就实质而言,成人教育发展模式的转变,并非单一性地为其他事物价值的产生提供条件或手段,应是对自身价值的选择与创生。在此意识上,成人教育的工具价值只是内在价值的现实反映,内在价值则是工具价值的本然体现,如果不遵守一定的规则与限度,过于偏重某一价值作用,就会破坏两者"内在尺度"之间的兼容性,产生各种矛盾与冲突。这就必然会背离成人教育"为社会主义现代化建设服务"的价值观,对成人教育发展模式的转变产生障碍。

其中,以社会主义核心价值观引领发展是关键。不仅要把"平等意识、自主意识、和谐意识、诚信意识"作为成人教育发展的核心观念,自觉贯穿于发展模式转变的全过程和全方位,为主动式内驱发展提供必有的价值指南。与之相应,还要通过业内的广泛宣传和教育,使"文明、爱国、敬业、友善"成为所有从业者的行动取向,并在上述两者重合的平面上,构建现代成人教育的基本制度体系,使之成为业内所有机构和个人必须共同遵守的规定和准则,为成人教育发展模式转变提供持续的内生驱动力。

（二）与社会公益的有效结合

注重与社会公益的有效结合,当是中国成人教育发展模式转变的充分条件。有人认为,公益性是成人教育的内在客观属性,具有不以办学机构意志为转移的普遍意义,无论是国家举办的成人教育,还是由社会力量举办的成人教育,都具有公益属性,并不存在某些人所持议的那种只有政府举办的成人教育才具有公益性,而社会力量举办的成人教育则有营利性的问题。因此,是否坚持公益性和普惠性,应是评判中国成人教育发展的重要标准。就现实而论,这种观点在业内还未形成广泛的共识,必须从现在起,立即着手加强领域内的社会主义理想与信念教育,以此引领业内办学理念与办学方向,为成人教育发展模式的转变奠定认识基础。

这里所强调的注重社会公益,并不是只重视办学机构对社会发展所做出的贡献,却忽略了它所应有的切身利益;更不是对市场经济的排斥,而是将市场机制引入成人教育领域,主张把社会利益、国家利益和人民大众的利益放在发展首要位置,办"让国家满意、社会满意、人民满意"的成人教育。在这个大前提下,鼓励成人教育业内的每一个办学机构、群体或个人,按照各自对社会发展贡献的大小不同,去获得各自相应的有所差别的经济利益份额。这样既有利于大范围地调动每一个机构、群体和个人的积极性,使其通过主动参与成人教育改革实践,自觉在保证社会利益前提下实现自我经济利益的诉求。这种情境,必然有利于大面积和持续性地激发成人教育整体的发展活力和创造力,使成人教育的改革发展获得强大的内生驱动力。

（三）与国家战略的主动对接

实现与国家发展战略的接轨,是成人教育发展模式转变的必要条件,涉及内生驱动力的基础性问题。如果说与公益性的有效结合,是侧重于从"责任意识"的角度为成人教育发展提供强劲内生驱动力的话,那么,强调与国家战略的良性对接,则是从"职能范畴"的角度为成人教育发展提供最为本源的内生驱动力。从本质属性而言,接受和履行国家赋予的责任与职能,是成人教育本身所具有的功能与职责,而国家发展战略则是这种国家责任分配与赋予的主要平台。如果成人教育不能在国家发展战略框架中占有一席之地,成人教育的社会责任就会失去必有的依托,流于形式甚至消失于无形,进而失去最为核心的内在驱动力,难以避免被边缘化的境遇。现实也佐证,进入 21 世纪以来,尽管国家发展战略不断出台,但成人教育总是游离于国家战略的边缘,尤其是在重大国家战略的框架中,少有关于成人教育责任赋予与要求的内容。这成为现阶段成人教育无目标发展的主要根源。这种状况,也极易引发业内的思想混乱,使一些人认为做好市场服务是成人教育的全部职能,没有意识到服务职能只是成人教育责任中某个部分的作用,远不是国家责任的全部,乃至误读了成人教育与国家发展战略的内在关系,造成很大的被动。

事实上,成人教育与其他教育一样都是国家的重要职能,举凡有成人教育伊始,它的体系结构、发展目标、制度建设、模式选择等,均受制于国家的大政方针,尤其是国家发展战略及其所提出的目标要求,更对成人教育发展具有引领性和存续性意义,主动对接国家发展战略已成为成人教育发展模式转变的必选项。它诉求成人教育不仅要主动参与国家发展战略的实施过程,更为紧要的是,要在参与过程中明确现阶段或未来一个时期内的发展目标与任务,以及对现阶段或未来一个时期内成人教育发展模式做出符合国情的选择。

三、成人教育发展模式转变的主要方略

制定科学的发展方略是中国成人教育发展模式转变的必要条件。从中国成人教育发展现实上看,科学的发展方略至少要涉及以下三项内容。

（一）提升成人教育发展要素的共生性

随着社会经济的快速发展,成人教育内部要素的分化程度也不断提升,尤其是业内一些重要领域(例如成人高等教育、高等网络教育、在线培训教育等)的相对独立性也逐渐增强,彼此之间的界限也日趋明显,职能分工和专业分工也不断伸展,行业内发展要素之间的关系出现复杂化态势,在发展过程中某个领域一枝独秀,或某个单项要素片面突进的现象时有发生,引发成人教育结构失重和发展不平衡等问题。这也阐明,提升发展要素之间的共生性,是成人教育发展模式转变的主要路线。这种共生性,强调成人教育发展要与社会发展相适应,业内各个领域和各种要素之间要保持一种相互促进与共同发展的逻辑关系,形成一种"益损与共""枯荣相担"的联动效应,使成人教育始终处于一种共同发展的势态。实践也见证,在成人教育发展过程中,业内任何一个领域或任何一个要素的缺失或发展滞后,都会对业内其他相关领域的发展或相关要素的运行带来

障碍或不利影响。与之相应,业内任何一个领域或单一要素的"长期"而"突进"的发展,也会对成人教育的整体发展带来扭曲效应。

业内多维度和多层级的共同体的建立与完善,当是提升成人教育发展要素共生性的枢纽。近些年来,业内对此进行了大量卓有成效的理论研究与探索实践,诸如在社区教育共同体、成人教育学科建设共同体、成人教育理论研究共同体等方面就取得了很大进展,但还存在着范围偏窄、数量不足、布局失衡、务虚太多等现实问题,对成人教育发展要素共生性的提升影响有限,尚须进一步健全与完善。其中,优化共同体建设的整体框架是最为紧迫的要求。它呼吁进一步加快业内现有各类共同体的建设进程,健全其运行机制,完善其内部结构,由务虚走向务实。并在此基础上,拓宽共同体构建的范畴,尤其是在成人学历教育、高等网络教育、岗位技能教育等重要领域,着力建立一种多层级(包括全国性、地区性、专业性的)、多维度(包括理论研究、实践探索等)的共同体联盟,且最有效地促进它们之间的互动与协同,进而有效地集聚业内各种力量,打造出最为强劲的内生驱动力。

(二)加强业内各板块之间的互惠性

可以说,业内发展不同板块(包括部门、机构、群体等)能否进行有效协同合作,是成人教育发展模式能否有效转变的决定性因素。成人教育事业是由各种部门、机构、群体和个人共同构成的,离不开分工合作,尤其是进入现代社会(市场经济社会、知识经济社会、信息社会等),中国成人教育业内各种职能分工和专业化分工日趋势加速,且每一个部门、机构或群体的职业化程度越来越高,现代化的行业结构和资源配置结构已显雏形,为中国成人教育发展模式的转变提供了重要的体系支撑。但这种支持目前还显得很脆弱,主要原因就是在各板块之间还未形成完全的互惠互利与合作共赢局面,其中一个直接的表现就是业内不同板块发展的差距较大,例如某些局部(高等网络教育,一些名校等)在业内整体效益中所占的比重过大。如果这种情况得不到有效缓解,那么业内不同板块之间效益的互惠互进与同向而行的局面就难以形成,中国成人教育发展的内生驱动力必然遭到严重削弱,甚至因为利益格局的冲突产生一些难以预料的后果。

这里所主张的互惠合作,并不是简单的板块之间的经验介绍或信息通报,而是在具体项目或活动上要实态合作与互惠。例如著名高校与普通高校、学历教育与远程教育、社区教育与其他教育、自考教育与网络教育等之间协作与协同,尤其是要充分运用现代网络技术和信息技术把多个同类或不同类型的教育项目与实践活动连接起来,在互信、惯例与默契的基础上,本着自愿、双赢、互惠互利、相互促进、共同发展、保守秘密、保护协作市场的原则,以提高效率与共同发展的合作目标与利益,建立诸如"学历教育＋技能教育、远程教育＋培训教育、社区教育＋职业教育"或"政府部门＋学术机构、办学机构＋社会团体"等多种项目或多方向的战略伙伴关系,在业内单元体个体之间或单元群体之间共同实施发展战略合作,以提升业内整体的内生驱动力和国内外发展的拓展能力。

（三）注重成人教育发展的适度性

成人教育发展的适度性,并不是简单的高速推进或低速推进的问题,更不是不顾国情或自身实际而强求的高速行进,而是从一个更为贴近现实的角度,从成人教育发展内生驱动力的角度,去把握成人教育发展的速度问题。在改革开放后的一个时期内,曾长时期把发展速度的高低作为衡量中国成人教育发展的主要标准,在过分强调高速度和大规模的情境下,虽然也取得了一些成果,但付出的成本和代价太大,以致难以持续进行下去。这也表明,忽略成人教育发展内生驱动力形成的规律,去强调高速度的发展,是一种片面的推进方式。现阶段成人教育发展就是要从这种片面发展中摆脱出来,以适度发展而代之。这种适度发展主要表现在两个方面。一是兼顾成人教育与社会的发展。在现代社会和市场经济条件下,尽管推进成人教育发展的因素是多方面的,推进方式的选择也是多样性,但"适度发展"能最大化地促进成人教育与社会发展相适应,尤其是能促进发展速度与社会转型速度相适应,从而实现成人教育与社会发展相顺应。二是兼顾业内不同领域的发展。虽然在国内经济发展不平衡的状态下,成人教育还存在着区域性或领域性的发展差异,但在"兼顾发展"的原则下,能最大化地缩小这些差异与差距,满足不同局部或模块的发展需求,避免出现为某一局部发展而牺牲其他局部发展的现象,达到成人教育内部各要素发展的大致平衡。

注重适度性的关键在于政府的适度调控。成人教育要确立一种观念,那就是成人教育的生存与发展离不开政府及其部门的调控与指导。因此,能否做到适度调控,是成人教育发展以及发展模式转变的要害。它要求对成人教育的发展做出顶层设计,全方位和全过程地统筹成人教育发展,并为其发展模式转变指引方向和提供条件。尤其是职能部门能根据国情、省情和成人教育实情,对本地区成人教育做出符合国情又兼顾省情的发展规划,并给予相应的政策支持,防止随意性调控或过度性调控的问题,为成人教育与社会发展以及成人教育内部各个领域之间发展的大体持平提供合理导向。

第四节 成人教育的法制推进

建法立制是成人教育主动应对现代社会动态发展的社会基础与法律保障,是成人教育在社会转型的新形势下,对社会定位、发展目标、价值体现、构架建设、外部交流等多元取向的重新整合,进而在"依法强教"的起点上,生成新的核心竞争优势,开创我国成人教育发展新生态。当前,我国成人教育事业正站在一个新的历史起点上,然而,在社会发展中出现的地区差异、城乡差异和阶层差异,正严重制约着我国构建学习型社会和成人教育体系的进程。这些差异的产生,既有历史因素也有现实因素,但究根寻源,主要因素还是成人教育法律基础的缺失。由此,为成人教育事业"立法建制",通过立法保障全体成人受教育的基本权利,依法确定成人教育制度,构建符合学习型社会要求的成人教育体系,已然成为社会高度关注的焦点问题。

一、成人教育立法的时代趋势

（一）为成人教育立法是世界潮流

发展成人教育、促进成人学习,已成为发达国家和发展中国家政府与社会的共识。世界各主要国家为了发展成人教育,建设学习化社会,无不通过合法化手段,制定关于成人教育的法律法规,以法律的形式规范和保障成人教育的发展,推进学习化社会建设。如日本在 1988 年设立了成人学习局,并于 1990 年颁布并实施《终身学习振兴整备法》。美国则在联邦教育局内专设了成人教育局,于 1966 年制定并颁布了《成人教育法案》,1977 年出台《全面就业与培训法案》。英国继 1924 年颁布《成人教育规程》后,于 1973 年推出《就业与训练法》。法国国民议会在 1971 年制定并通过了一部比较完善的《成人职业教育法》,1984 年通过的《职业继续教育法》对一些问题做了补充规定。韩国则于 20 世纪 80 年代初把成人教育写进了宪法,并开始实施成人教育政策。德国、瑞典、加拿大等许多国家也针对成人教育颁布了相应的法律。从这些国家和地区成人教育发展实践看,成人教育法制化将本国不同地方原本分割零散的有关政策、举措等进行综合整理、扬弃升华,并在法律层面上进行固化,把成人教育纳入规范化、法制化轨道,为建立一个从幼儿园到老年大学、从家庭教育到企业教育的全面实施成人教育的大系统奠定了坚固的社会法律基础,有力地推动了本国和本地区成人教育的持续发展。

（二）立法建制是成人教育发展的迫切要求

当前,我国成人教育事业正站在一个新的历史起点上。中华人民共和国成立初期,我国小学的毛入学率仅 20%,初中是 6%。2013 年,"九年制义务教育"人口覆盖率达到 100%,我国大学的在校人数已是世界第一。这些年来,国民受教育水平进一步提高,我国国民平均受教育年限超过 13.6 年,新增劳动力平均受教育年限提高到 13.5 年以上。全国总人口中,有大学以上文化程度的已达 1.4 亿人,从业人员中有高等教育学历的人数已位居世界首位。

在肯定我国成人教育取得巨大成就的同时,我们一定要清醒地认识到我国成人教育面临的问题和挑战。由于我国仍然处于社会主义初级阶段,面临全面参与经济全球化的新机遇新挑战和工业化、信息化、市场化、国际化深入发展的新形势新任务。在这样一个时期,机遇前所未有,挑战也前所未有。比如说,成人教育还不能适应经济社会发展和人民群众的强烈需求,城乡之间、区域之间成人教育发展不协调,在一些地区成人教育推进仍然面临困难和阻力,存在政府成人教育投入不足等问题。从根本上说,仍然是现代化建设事业和人民群众对于优质教育的强烈需求与优质教育资源供给不足的矛盾。为了解决好这些问题,国家合理配置教育资源,注重向农村教育、向困难学生、向职业教育倾斜,虽然取得了一定成效,最根本的还是要从法律层面上把成人教育法制化,以教育法律法规的形式落实和实现宪法赋予的公民受教育权利和国家发展的要求;规定各级政府在建立成人教育体系和建设学习型社会所扮演的角色、所应承担的职责;规定各级各类学校教育对成人教育理念和能力的培养;强调公民参加成人教育的重要性,以及各级政府对全民提供平等一致的成人教育学习机会的必要性等,为我国成人教育的发展奠定坚实的社会法律基础。

二、成人教育立法的基本定位

（一）是我国成人教育发展目标的法律体现

自20世纪80年代以来,终身教育概念随着我国社会经济的变革和教学技术的发展,逐渐演变为社会关注的焦点问题和我国教育事业改革的核心问题和教育发展的追求目标。为此我国政府提出了一系列关于发展终身教育的方针政策,1993年,中共中央、国务院正式印发了《中国教育改革和发展纲要》,第一次在政府文件中提出了终身教育概念,把终身教育作为对传统学校教育的拓展,并作为一种教育改革的思路第一次提了出来。1995年,全国人大通过的《中华人民共和国教育法》第十一条明确规定,国家"建立和完善终身教育体系";第十九条规定,"使公民接受适当形式的政治、经济、文化、科学、技术、业务教育和终身教育。"在"十五"规划和"十一五"规划中都提出了发展终身教育、形成学习型社会、构建成人教育体系的奋斗目标。党的十六大和十七大更是把发展终身教育和形成全民学习、成人学习的学习型社会提到关系到国家发展的战略高度来进行阐述。党的十八大报告强调,完善终身教育体系,建设学习型社会;党的十九届四中全会明确提出"构建服务全民终身学习的教育体系"。这表明,我国政府已经把建设学习型社会和构建终身教育体系作为我国社会经济发展的重要战略目标。在这种新时代背景下,"成人教育作为终身教育的火车头",发展成人教育也就被提高到关系到科教兴国和建设人力资源强国成败的战略高度。

然而,发展成人教育、构建学习型社会和成人教育体系是一项把国家意志变为全民意志的长期而艰巨的复杂工程,尽管有了以上这些党和政府关于成人教育的方针和政策,但由于不同地区社会经济发展水平的差异,以及人们思想政治、道德修养、科学文化层次与水平的不同,不仅相当一部分公民对此缺乏意识,有些相关的政府机构也缺少这些基本认识,使这些方针和政策在执行中出现许多问题和矛盾,迫切需要制定一部国家成人教育大法和与之配套的地方性法规,以法律的形式把国家有关成人教育的方针政策固定下来,立法护教,依法办教,为我国成人教育事业的发展提供法律基础和可靠保障。

（二）是依法开展成人教育的法律基石

依法治教是依法治国的重要组成部分,这个法是指宪法和成人教育法,我国宪法明确规定:中华人民共和国实行依法治国,建设社会主义法治国家。公民有受教育的权利和义务。国家制定教育发展规划,并开办学校和其他教育机构。在此认知的基础上,我国成人教育立法最主要的特点就是以宪法为依据、以政府为主导,全社会共同参与,以构建学习型社会和成人教育体系战略目标为指导,制定全局性法律和与之配套的地方性法规,为我国成人教育事业的发展设计一整套崭新的制度和体系,具有明显的权威性和鲜明的中国特色。一是明确发展成人教育与国家发展的关系,既体现国家对成人教育的重视和职能,又赋予社会和地方政府发展成人教育的高度自主权。二是全面落实和实现宪法赋予公民的受教育权,保障全体公民接受成人教育的基本权利和自由。过去这项公民的基本权利往往被限定在公民接受义务教育和保护未成年人利益的层面上,随着社会经济的发展和人民福祉的增长,公民受教育权的内涵与外延也不断丰富和扩展,广大民众对公民受教育权的认识也就越深刻,发展成人教育已成为社会、政府、公民个人的共同责任和要求。三是确定成人教育实行以政府为主导的社会体制,发展成人教育中政府的重要职能和责任。四是对现有社会资源进行有效整合,充分利用社会资源推动成人教育发展。五是建立长效机制,充分调动全体公民参与成人教育的积极性。

（三）是成人教育科学发展的法律保障

在我国教育领域的立法建制工作中,先后颁布了《中华人民共和国教育法》《义务教育法》《教师法》《职业教育法》《高等教育法》《民办教育促进法》等一系列法律法规,这些法律法规中虽然有些条文涉及成人教育内容,但多是原则性的抽象规定,有的仅仅涉及成人教育或职业教育,没有关于全民学习和成人学习的系统性和具体性的法律法规。再者,由于我国各地区的社会、经济、文化、教育发展的巨大差异,尽管上海、福建等省市也制定了本省区成人教育法规的前期工作,教育部也有此项立法计划,但国家尚未制定具有广泛指导意义的成人学习法规,地方性成人教育法律法规也处于起步阶段,使我国成人教育在整体上缺乏统筹性和规范性,这直接导致成人教育发展的差异性和不协调性。而我国社会转型和经济转轨越来越凸显出人力资源开发的极其重要性,人的整体素质的提高成为社会经济发展的关键环节,凸显出"全民学习、成人学习"在社会进步中的重要性和基础性。因此,通过立法建制,制定一部具有统筹和指导作用广泛适用的成人教育法规,从战略发展的高度来规范、约束、指导、保障成人教育的发展,为进一步提高公民的思想道德素质和文化科学技术素质提供法律保障,是我国贯彻落实十九大精神,实现全面建成小康社会和完善现代国民教育体系的重要内容和重要步骤。

三、成人教育立法的现实构想

(一)成人教育立法的和谐性

我国成人教育立法必须具有和谐性,这种和谐性是指为成人教育立法,不能单纯地依靠国家中央政府和考虑成人教育本身的问题,必须有更为广阔的立法视角和社会基础,为实现成人教育立法目标构建多元化通道。一是强调国家立法与地方性立法的协调与统一,发展成人教育不仅仅是国家的职能,也是各级地方政府不可推卸的责任,因此,为成人教育立法建制必须使中央政府立法与地方政府立法相结合。中央政府为成人教育立法,可以从全局上把握成人教育的发展趋势,制定成人教育整体性规划,明确各级地方政府在成人教育发展中的职能与责任,促进地方政府为成人教育立法建制。而地方性成人教育立法,有助于构建适合地方特点的成人教育体系,提升法律实施的可行性,与国家发展成人教育的总目标协调一致;使地方各级政府和社会各界明确自身在成人教育实施过程中的地位、作用和责权利关系,共同为地方成人教育的建设和发展贡献力量。同时,可对宪法、教育法和其他相关法律法规赋予人民的权利给予更加深入和具体的补充,使上述法律法规的立法原则和法制精神进一步落到实处,更贴近地方成人教育发展实际,同时,地方性成人教育立法可以与中央政府的成人教育立法互动,地方性成人教育立法的成功经验可以为国家成人教育立法提供借鉴与参考。二是强调成人教育立法要充分考虑上位法与相关法的关系,包括宪法、教育法以及经济、金融、税务、人才、行政、劳动人事等方面的法律法规,原则上按上位法提出的规则办事,协调与相关法的关系,明确各自的责权利,使立法更具有指导性和可操作性。如果上述法律法规需要完善和改进,则需要另有提案,通过人民代表大会促进其修改,而不能与现行未改的法律发生冲突。据国际社会推进成人教育立法的过程来看,成人教育立法不仅是一个长期的连续性工程,在时空上也与许多方面密切相关,成人教育一个方面的单一法律推进是十分困难的,特别是为成人教育这样一个跨越巨大时空的复杂事物立法,更有必要在国家法律体系中找准最合适的定位坐标,做好与上位法和相关法的衔接与协调工作。

（二）成人教育立法的科学性

成人教育立法的科学性，在于立法的内容和过程必须民主和开放。一方面是要发扬民主。当今社会是法制社会，民主是法制的前提和基础，成人教育作为一项涉及国家、社会、公民个人等方方面面关系的法律法规，立法工作更应在"以人为本"的思想指导下，坚持"公平公正"和"全民参与"的原则，充分体现成人教育立法的社会契约性质。成人教育立法的结果应是社会各个利益集团在认可同一目标的前提下责权利协调的产物，这与行业和部门自上而下的行政命令有本质的区别，为此，与每个公民的一生有着极为紧密关系的成人教育在立法过程中要广泛征求社会各界的意见，鼓励社会各阶层、各界、各团体踊跃参与讨论，就成人教育立法提出意见和建议，充分汲取全体民众的智慧，使广大人民将此法看作是自己的法律，而不是政府强加在自己身上的负担和责任，由此形成我国成人教育立法最广泛的社会基础。另一方面，成人教育立法应具有更为宽广的社会视角，其内涵与外延应充分考虑成人教育发展的连续性与趋向性，不仅要考虑成人教育本身，更要充分考虑到与之密切相关的教育，特别是要把成人教育立法纳入教育立法框架之中，从两者的历史渊源上看，《中国教育改革和发展纲要》指出，"成人教育是传统学校教育向终身教育发展的一种新型教育制度"；《中华人民共和国教育法》规定："国家鼓励发展多种形式的成人教育，使公民接受适当形式的政治、经济、文化、科学、技术、业务教育和成人教育。"从两者的相互关系上讲，成人教育是整个终身教育体制中的"火车头"，从以上认知出发，把成人教育与其他相关教育纳入成人教育立法范畴，能进一步丰富成人教育立法的内涵与外延。

（三）成人教育立法的现实性

为成人教育立法只是一个新的发展起点，正所谓"徒法不足以自行"，因而在成人教育立法过程中更应考虑到现实性，如何才能切实发挥成人教育法律法规作为我国成人教育体制建设和成人教育有关政策实施的指南效应。从国外成人教育立法经验来看，应出台与之相互配套的方法和措施来推动，这些方法和措施至少要包括以下几方面内容：一是出台国家与省区一级的相关教育策略，建立多类型弱弹性教育机制，保障弱势群体的学习权。二是健全和完善各级成人教育推进组织体系，活化组织系统和运行机制，增进政府与社会教育机构的对话、交流和协调。三是促进不同性质、不同层次、不同地区的成人教育机构的紧密联系,通过促进成人教育机构间的协作与互动,凝聚和盘活现有成人教育资源,提升现有成人教育资源的运用效率。四是发展全国性和地区性的成人教育协同合作网络,建立成人教育社区机制,成人教育的发展有赖多元化的政府和社会教育机构共同参与,也需要多样化的资源投入,因此,不同主体应以社区为基地,发展协同合作网络,建立成人学习社区,为构建我国成人教育体系奠定坚实的社会基础。

第二章　成人高等教育是学科建设的重要范畴

　　成人教育学科建设实践显示,成人高等教育是学科顺应时代潮流,对接社会经济发展的重要环节。在顺应与对接的过程中,既展示了以往学科建设的辉煌成果,又凸显了现时学科建设的改革创新,更描绘了未来学科建设的发展蓝图。我国成人高等教育的主体是多元的,有函授高等教育、高等继续教育、高等教育自学考试、网络高等教育等,覆盖了诸多成人教育领域,其内涵与外延还将随着社会经济、政治文化、科技教育的发展,在实践与思辨中得到积淀与升华。

　　进入 21 世纪,成人高等教育已成为我国成人教育学科建设的重要范畴。成人高等教育的变革与创新,不仅凸显出成人教育学科建设的问题、矛盾、困惑;更张扬了成人教育学科建设的历史必然性与现实必要性。促使人们在顶层架构上,从我国成人教育学科建设的现状出发,解读"成人教育学科建设何去何从"的现实命题,通过对命题的焦点、影响、因果的理性透析,以及对学科建设的新目标、新要素、新趋势的个性挖掘,重新打造成人教育学科建设的新生态。

　　本章以我国成人高等教育为抓手,从成人高等教育"依法强师"的时代视野、成人高等教育开放办学的发展思路、高校成人教育开放办学机制的构建以及北欧五国成人教育改革的本土借鉴等方面切入,以揭示成人高等教育与成人教育学科建设的内在关系,阐明成人教育学科建设的必然性与必要性,由此把握成人教育学科建设的可能性与可行性,为本书的后继阐述提供新思路。

第一节　成人高等教育"依法强师"的时代视野

　　在成人高等教育发展过程中,教师队伍建设和管理占有极其重要的地位,教师队伍建设和教师管理工作状况,集中反映了成人高等教育发展的水平与层次。因而,如何在《教师法》的框架内加强对成人高等教育教师的管理,通过"依法强师",构建一支高素质的专业化教师队伍,已成为成人高等教育改革发展中最为紧迫的任务。比照《教师法》的立法精神和相关条款,有理由认为,加强成人高等教育教师管理不仅是高校教师管理工作的重要部分,也是《教师法》的基本要求。因此,以《教师法》为准绳,依法加强教师管理已然成为成人高等教育创新发展亟待解决又必须解决的重大现实问题。成人高等教育作为高校教学工作和人才培养结构的重要部分,在我国高校"突出教学工作中心地位"中,成人高等教育教师的管理应在《教师法》的构架内与高校普通教育教师管理摆在同一起点上。然而,与《教师法》有关精神和条文相比对,成人高等教育教师管理无疑显得滞后与无序。这种滞后与无序不仅折射出以往成人高等教育教师队伍建设的深层矛盾与困惑,也昭示出依法加强成人高等教育教师管理的重要性和迫切性。

一、"依法强师"是时代发展的迫切要求

"依法强师"是在《教师法》的基础上提出来的成人高等教育教师管理新理念,它既是一种教师管理概念,又是一种教师培养模式,是成人高等教育为了适应时代要求而对教师队伍管理目标的重新确定和教师培养模式的重新选择。

(一)"依法强师"概念的提出

现代成人高等教育"依法强师"概念的提出具有鲜明的时代性,是我国成人高等教育不断深化教育改革和"突出教学工作中心地位"的必然产物。随着"人才强国"战略的实施,我国高等教育正朝着社会化方向迈出坚实的步伐。现代高校已成为高等教育社会化的主阵地和多类型教育的共同载体,一个以普通高等教育为主体,成人高等教育、高等职业教育为两翼,高等教育自学考试、岗位职业培训为补充的多元化高等教育格局业已形成,为全社会不同年龄、不同层次、不同需求的人提供多规格、多形式、多层次的高等教育,为社会生产体系培养创新型人才、专业化人才、实用型人才,以全面提高全社会"人"的整体综合素质为社会职能和历史使命。

现代高校多元化人才培养需要多元化的师资相呼应,但当前我国高校教育师资建设滞后于高校发展实践,尚不具备为每类教育配置相应专业师资的条件,只能是以普通高等教育师资为基干,四面出击,应付各类

型教育教学需要。特别是高校普通高等教育连年扩招,在校学生人数持续扩大,普通教育教学工作压力不断加大,常有顾此失彼,捉襟见肘之虞。更为紧迫的是,许多普通教育教师在教学工作的重压下,难有余力总结多类型教育教学的实践经验,积极探索多类型教育教学规律和特点,准确把握多类型教育的教学要求,在教学中只能一味运用普通教育教学的不同压缩版本,对付不同类型教育的教学工作,直接影响高校的社会信誉和品牌形象。因此,加强高校教师队伍管理,锻造一支能适应现代高校多类型教育要求的教师队伍已提到了高校教学改革的议事日程,"依法强师"的概念引起社会与高校的普遍关注。

(二)成人高等教育"依法强师"的内涵

作为现代成人高等教育教师管理的新概念和新模式,"依法强师"应具有双重内涵:一是对教师个体而言,"依法强师"是要从法律的层面上保证成人高等教育教师的合法权益。诸如,进行教育教学活动,开展教育教学改革和实验;从事科学研究、学术交流,参加专业的学术团体,在学术活动中充分发表意见;指导学生的学习和发展,评定学生的品行和学业成绩;按时获取工资报酬,享受国家规定的福利待遇以及寒暑假期的带薪休假;对学校教育教学、管理工作和教育行政部门的工作提出意见和建议,通过教职工代表大会或者其他形式,参与学校的民主管理;参加进修或者其他方式的培训等权益。同时又督促成人高等教育教师按《教师法》的要求,尽一个高校教师应尽的义务,诸如,遵守宪法、法律和职业道德,为人师表;贯彻国家的教育方针,遵守规章制度,执行学校的教学计划,履行教师聘约,完成教育教学工作任务;对学生进行宪法所确定的基本原则的教育和爱国主义、民族团结的教育,法制教育以及思想品德、文化、科学技术教育,组织、带领学生开展有益的社会活动;关心、爱护全体学生,尊重学生人格,促进学生在品德、智力、体质等方面全面发展;制止有害于学生的行为或者其他侵犯学生合法权益的行为,批评和抵制有害于学生健康成长的现象;不断提高思想政治觉悟和教育教学业务水平。

二是对高校教师整体而言,这就要求成人高等教育教师队伍在整体上,不仅要具备良好的政治思想素质和与时俱进的品格,良好的教师职业道德,更需要具有多元化的教学专业技能与创新潜能,包括教学分析能力、教学设计能力、教学实施能力、教学评价以及教学创新能力。

（三）成人高等教育"依法强师"的基本原则

一是合法原则。所谓合法，即对成人高等教育教师的管理必须在《教师法》的范畴之内，不得违反《教师法》的有关规定。加强教师管理必须符合相关法律要求，即管理者主体资格合法。作为高等学校必须符合《高等教育法》第68条第1款的规定，"本法所称的高等学校是指大学、独立设置的学院和高等专科学校，其中包括高等职业学校和成人高等学校。"作为教师，必须符合《高等教育法》第47条规定的基本任职条件和由国务院制定的有关教师职务的行政法规。

二是平等原则。教师管理机构或管理者与成人高等教育教师个体在法律层面上都应是平等的，不存在特权与特殊，在管理中必须严格按照《教师法》的第四条：各级人民政府应当采取措施，加强教师的思想政治教育和业务培训，改善教师的工作条件和生活条件，保障教师的合法权益，提高教师的社会地位。全社会都应当尊重教师。管理者在管理上要把重点放在维护成人高等教育教师的权益方面，而不是对成人高等教育教师进行苛求或歧视。成人高等教育教师在管理工作中是主动的参与者而不是被动的管理对象。教师在管理工作中应充分享有第七条第五款：对学校教育教学、管理工作和教育行政部门的工作提出意见和建议，通过教职工代表大会或者其他形式，参与学校的民主管理的权利。

三是公平原则。公平是指高校教师管理的当事人双方的权利和义务必须公平合理。由于学校与成人高等教育教师之间事实上是管理与被管理的关系，在管理中，不可避免地、或多或少地总会出现不公平的条款，有的可能侵犯成人高等教育教师的权利。因此，应按《教师法》第五条：国务院教育行政部门主管全国的教师工作。国务院有关部门在各自职权范围内负责有关的教师工作。学校和其他教育机构根据国家规定，自主进行教师管理工作。本着公平、公正、公开的原则，依法对成人高等教育教师进行管理。

二、成人高等教育教师管理中存在的问题

《教师法》第四十条明文规定，本法适用的各级各类学校，是指实施学前教育、普通初等教育、普通中等教育、职业教育、普通高等教育以及特殊教育、成人高等教育的学校。然而，在当前成人高等教育教师管理工作中存在着不少问题。

（一）教师待遇弱化

按《教师法》第二十二条、第二十三条、第二十四条规定：学校或者其他教育机构应当对教师的政治思想、业务水平、工作态度和工作成绩进行考核。教育行政部门对教师的考核工作进行指导、监督。考核应当客观、公正、准确，充分听取教师本人、其他教师以及学生的意见。教师考核结果是受聘任教、晋升工资、实施奖惩的依据。由此引申，从事成人高等教育教学工作的教师应与从事普通高等教育教学工作的教师享有同等的权益。而在以往的成人高等教育教师管理中，由于历史的惯性作用，特别是受延续至今的"全面依托普通高等教育资源"办学体制的深度制约，一些高校在成人高等教育教师管理工作中忽略"平等原则"，另类对待从事成人高等教育的教师，"同工不同酬"的现象严重。一些高校对成人高等教育教师的教学工作成就和科研成果不仅不重视甚至还带有某些偏见与歧视，在课时工作量计算、评先评优、职称评聘等事关教师切身利益的重要方面，成人高等教育教师与普通高等教育教师的待遇明显不公，少数学校甚至明文规定从事成人高等教育教学只能得到课时津贴，不能计算工作量；从事成人高等教育教学的教师在职称评审上不能计算课时数等清规戒律，不仅表现为对成人高等教育教学工作重要性认识的差异，极大地挫伤了广大教师参与成人高等教育教学工作的热情和积极性，当然这也是与《教师法》的公平与平等的立法原则相背而驰的。

（二）教师培训意识淡化

成人高等教育的社会化，使成人高等教育教师面对的不再是规格划一、水平相近的普通高校学生，而是综合素质、社会经历、职业年龄之间的差异不断凸显的各类学生群体，这对教师的教学能力、教学方式、教学水平提出了严峻的挑战。是否能培训出一支能驾驭内涵丰富、外延广泛的社会化教育服务教学的高素质教师队伍，从某种意义上说已成为成人高等教育实现社会化改革的要害。《教师法》第十九条规定，各级人民政府教育行政部门、学校主管部门和学校应当制定教师培训规划，对教师进行多种形式的思想政治、业务培训。而迄今为止，成人高等教育教师培训弱化状况十分普遍，许多高校既没有建立必要的成人高等教育教师培养体系和运作机制，也没有出台相应的政策和举措以及相配套的激励机制，鼓励和推动广大教师自觉地探索成人高等教育教学规律、教学特点，了解与把握成人高等教育学生的学习需求、学习目的，提高教师驾驭各类教育教学工作的能力,进而培养和造就一支多能型的成人高等教育教师队伍,并以此作为现代成人高等教育培养符合市场需求的高素质人才的核心与基础。许多从事成人高等教育教学工作的教师无奈之下,只是简单地用普通教育的教学方式去覆盖成人高等教育的教学,在很大程度上只是把成人高等教育教学作为普通教育教学的附加,无力探索成人高等教育教学的规律、特点和教学要求,没有充分把握成人教育教学规律与成人学习心理特征,应付甚至敷衍成人高等教育教学工作。这种硬性覆盖必然产生师生间的教与学的矛盾,教师难教、学生难学,学生不适应、教学效果不尽人意、学生对教师教学不满意等情况已成为成人高等教育教学工作中的普遍问题,直接影响成人高等教育整体质量,乃至产生成人高等教育人才培养的"结构性短缺"和"结构性过剩"现象。

(三)管理制度虚化

成人教育教师管理制度是高校根据《教师法》中有关学校和其他教育机构的国家规定,按照师资成长的规律和人才管理的基本原则与方法,自主进行教师管理工作的规范性与务实性管理的现实体现,包括教师教学管理、教师教学评估、教师教学待遇制度等。制定教师管理制度的主要目的:一是通过教师管理制度体系建设,科学合理地安排和使用人才,使教师做到人尽其才,人尽其用,各司其职,各尽其责;激发和调动教师教学、科研和管理的积极性和创造性;为教师的成长创造必要的条件;做好师资队伍的选拔、补充、培养、考核、晋升、奖励、调整和交流。二是通过建立必要的教师培养管理制度,在师资培养管理上做好教师培养的规划和计划;做到重点培养和普遍提高相结合;注重教学与科研能力的全面训练;定期检查总结,认真进行考核。其中师资考核是加强教师管理工作的重要手段。对教师的管理要从教师的工作特点出发,要把握教师的心理特点,满足教师在集体中获得尊重和在工作中发挥创造性的需要,注意解决教师生活上的实际困难。同时,应根据教育教学成果具有集体性的特点,组织好教师集体,协调好教师之间的关系。然而,在成人高等教育教师管理的现实过程中,这些看起来相当完善的教师管理制度却很难实行下去,整体上呈虚化趋势。原因有以下两个。

一是不少学校有关成人高等教育教师管理的制度体系的结构存在瑕疵,注重管理制度建设而忽视培养制度与保障制度建设,强调对教师的教学工作、教学质量、教学效果、教学能力的考核与管理,而对需要加大教育投入的教师培训、教师待遇、教师权益却保持不应有的缄默,使教师对这种一边倒的管理制度产生抵触甚至抗拒心理,加大了管理制度落实与贯彻的难度。

二是在管理制度执行中,缺乏刚性管理机制,易受种种因素干扰,或是人为的不重视,或是难以打破人情面目,或是为了办学利益等,这些干扰因素的持续作用往往造成教师管理制度的虚化态势。

三、成人高等教育"依法强师"的实现途径

"依法强师"是一项系统工程,不仅需要教师自身的主观努力,更需要学校开阔视野、更新思路,在《教师法》的构架中,通过政策扶持、重构机制,为"依法强师"提供必要物质条件和良好的现实环境。

（一）建立"一点多面"探究式教师培养机制

按《教师法》的要求,加强对教师的培训是成人高等教育"依法强师"的核心。从哲学的角度看,外因总是通过内因起作用的,加强教师管理首选就是通过各类培训有效提升教师的综合素质,否则,所谓加强管理只能是粗放的甚至是形式的。而在诸多教师培训模式中"一点多面"探究式培养模式有着与众不同的特色。

一是突出"以师为本"理念,在培养机制中,始终把教师摆在主体地位,不仅培养教师个体的教学技能,更重要的是为教师营造一种平等和谐向上的学术交流与教学实践经验交流的话语情境,充分体现教师的主体人格。主张在宽松的培训环境中,用动态的、发展的眼光,对教师综合素养进行持续性培养,关注教师的成长背景与素质基础,关注教师日常教学行为表现与点滴进步,注重教师教学综合素养的发展过程,通过针对性培养促进教师对自身综合素养的反思,促进教师主动地不断充实与完善自我综合素养。

二是培养方式实践化。依据现代教学一般规律,提高教师教学能力的实质是提高教师把握不同类型教学规律和掌握教学特色的能力与素质,而这种能力的提高,仅依靠传统的专家课堂传授的方式是不能获得的,课堂传授教师获得的是陈述性知识,由于缺乏实践性动态与变式练习,教师难以在思维空间里将这些知识转化为教学能力。不同认知必须在不同的现场才能获得,真正的学习发生在参与教学实践的过程,因而,强调教学实践对多能型教师培养的极端重要性,以各类教育教学的难点与重点为突破口,以具有普遍性与特殊性的教学事件和教学难题为基础,

引导教师在教学实践中去发现教学问题、解决教学问题,丰富教学经验,将理论问题转化为教师应对复杂教学情境的能力。

（二）建立"依法强师"的互动平台

建立互动式平台是在成人高等教育"依法强师"中落实《教师法》精神的关键。"依法强师"的互动平台是指,现代成人高等教育体系中,尽管不同的教育类型有着不同的教师管理模式和特色,但它们的本质属性和基本要求却具有同一性和规范性。因此,在成人高等教育教师管理过程中,应在《教师法》的大构架下,既要强调成人高等教育教师管理的特性,又要注重它与不同教育教师管理的共性,要求在教师管理上能以同一性的管理范式体现不同教育教师管理的特色,把规范性的管理目标融入不同教育教师管理结果中去。建立互动平台的基本任务是:（1）制定管理工作规划,全面安排各项管理工作;（2）评估管理质量,实行质量管理,对管理工作的各个环节提出量化要求;（3）发挥学校管理指挥系统的作用,保证各类管理工作畅通无阻;（4）做好管理评价工作,管理工作要实行科学化、制度化和最优化;（5）加强教师的教学管理;（6）加强教师与学校以及管理部门的信息沟通工作。

建立"依法强教"互动平台的主要目标是,在成人高等教育教师与学校以及学校管理部门之间架设情感与信息交流与互动的立交桥,推动学校以《教师法》为依据,对不同类型教育教师管理过程进行互动与渗透,促进学校与教师在同一法律语境的流动中,各自发现自身工作的盲区与不足,找到管理工作的节点、弱点与缺点,自觉自律地根据自身实际情况进行有的放矢的充实与完善,塑造各类教育教师的现代管理体系和具有公平公正特色的教师管理新形象。

（三）建立管理资源"共享与互补"机制

建立管理资源"共享与互补"机制是成人高等教育"依法强师"的物质基础。当前,成人高等教育不仅合格师资紧缺,而且教师管理资源也很珍稀,这里有历史的惯性作用,也有现实的因素,但归根结底是资源因素。高校教师管理资源应包括:学校教师管理队伍建设、教师管理的设施建设、教师管理的机构建设、教师管理的资金投入等物质条件。成人高等教育依托普通教育资源办学是历史形成的现实,而这种教育资源的全面依托,随着高校普通高等教育的扩招被逐步边缘化,在一些学校成人高等教育教师管理由于学校教育资源的短缺或枯竭,事实上已处于"三不管"状态,陷入学校不管、教学院系不管、成人教育学院没能力管理的窘境,师资管理资源不足的问题困扰着成人高等教育,特别是一些专业性强、科技含量高的专业,由于教师管理资源缺乏,不仅管理效果差,而且管理的难度也不断加大,阻碍了成人高等教育教师管理水平的提高。学校应通过建立"交流交换"教师管理资源共享与互补机制,对校内各类教育教师管理资源使用情况进行梳理与调控,促进校内各类教师资源无障碍流动。这种互补式教师管理资源流动的主要任务包括以下方面:(1)科学配置学校教师管理资源,实现管理资源配置最优化;(2)制定并实施有关教师管理资源使用的各种规章制度,使管理资源的使用有章可据;(3)健全与完善学校教师管理资源调配系统,充分发挥学校统筹教师管理资源的职能作用;(4)调动师生员工参与管理的主动意识。通过这些举措,使学校教师在不同类别的教育教学过程中能拥有同一的师资管理语境,也有助于教师在同一的管理条件尺度上分析和识别出不同类别教师管理的特殊规律与特殊要求,从而达到加强教师管理的目标。

第二节　成人高等教育开放办学的发展思路

成人高等教育的发展趋势和要求表明,构建具有时代特色和成人教育特性的开放办学机制,是成人高等教育发展的大势所趋,也是适应教育国际化,弘扬终身教育理念,培养新型的国际化人才和推进和谐社会构建的必然选择。由于社会环境和我国成人高等教育自身因素的双重作用,使得我国成人高等教育必须梳理开放办学的发展思路,包括开放办学的理论支撑、内涵要素和具体的行为构架。在成人高等教育发展过程中,开放办学具有重要地位,开放办学的水平高低,集中反映了学校成人教育的管理水平与发展层次。因而,成人高等教育开放办学的发展思路,不仅是成人教育发展的要求,更是我国对外开放战略带给我国成人高等教育发展的现实挑战和紧迫命题,需要社会、政府、学校和成人教育共同思考与解读。

一、成人高等教育开放办学的理论支撑

任何一种行为都要有相关的理论做指导,成人高等教育的办学行为是一项关乎教育大计的重要任务,肩负着培育社会人才的责任与使命。

因此,以深厚的理论积淀作为成人高等教育开放办学发展思路的指导至关重要。

（一）终身教育理论

法国著名成人教育专家保罗·朗格朗于1965年提出终身教育的主张。[①] 他认为,教育应是个人从生到死持续不断的过程,是个人及社会的统一教育。终身教育包括人的一生所受的各级各类教育,其本质特征是强调教育的终身性、系统性、连续性和整体性。因此,可以说,终身教育的理念是成人教育发展的理论基础和具体目标。成人高等教育进行开放办学作为成人教育的发展行为,必然要受终身教育理论的指导。

一是终身教育理论为成人高等教育开放办学指出办学方向和目标定位。终身教育的目的是实现教育平等、建立学习型社会、推动社会进步,因此,成人高等教育开放办学应面向全社会广大公民,以人为本,以高校改革发展为动力,以地区发展为根本任务,培养全面发展的新型人才,促进高校成人教育与社会的融合,共同推进建立学习型社会的进程。

二是终身教育理论为成人高等教育开放办学提供办学内容的架构。终身教育的内容包括普通教育、职业教育、生活教育、闲暇教育等,即培养人们为了适应社会生活和职业所需要的知识、技能、智力、品德、审美等各方面的素养。所以,成人高等教育开放办学的内容也要多样化、多层次化,即应该面向社会市场,遵循国家政策和公民自身需求而设定办学层次和教育内容。

三是终身教育理论为成人高等教育开放办学提供实现手段和途径。终身教育中教育空间的广延性、教育结构的协调性理论表明,终身教育的场所不局限于学校,包括正规的学校教育,也包括家庭教育、社会教育等校外一切非正规教育和非正式教育,还包括自我教育;学校教育和与之相关的社会其他各组成部分是协调的统一体,并且人一生所贯穿的教育也是统一的。由此,成人高等教育在推进开放办学的过程和行为中,应打破传统的办学理念和办学途径,积极寻求新的办学形式,如开发远程教育、多样化的非学历教育,开展与国内外的合作等,解决成人高等教育与社会相脱节的矛盾,推进成人高等教育开放办学的教学机制的完善。

---

① ［法］保罗·朗格朗著，周南照、陈树清译．终身教育引论［M］.北京：中国对外翻译出版公司,1985.

（二）和谐社会理论

构建和谐社会是实现由"全面发展的人"到"人的全面发展"，推动人与自然、人与社会及人的全面和谐发展的根本途径。而要达到人的全面发展，进而构建和谐社会这一目标，成人教育是必需的阶梯。从古今中外成人教育发展的历史脉络看，成人教育产生于和谐社会理想的萌芽之内，发展于人们为追求和谐社会而进行不懈努力的实践之中，是解决教育公平问题，实现教育与社会、经济、政治相互协调、相互促进，达到国家社会全面和谐发展的必然产物。可以说，和谐社会理论是成人高等教育开放办学的目的之源。

（三）人力资本理论

20 世纪 60 年代，美国经济学家舒尔茨提出了"教育是人力资本形成的主要途径"的理念，指出人力资本存在于人的身上，表现为知识、技能、体力（健康状况）价值的总和，一个国家的人力资本可以通过劳动者的数量、质量以及劳动时间来度量，人力资本投资是经济增长的主要源泉。[①]人力资本理论为成人高等教育"知识与能力并举的人才结构全面化"的开放办学教学机制提供了依据。在成人高等教育开放办学过程中，人力资本理论可以帮助我们确立注重知识与能力并举发展的人才培养目标，促使教学目标和教学方式、专业和课程设置的进一步合理化。同时，人力资本理论强调"人力资本投资是经济增长的主要源泉，其实就是教育投资，教育投资要以市场供求关系为依据，以人力价格的浮动为衡量符号"。这也为成人高等教育开放办学的"人才培养与市场发展同步化"的办学方式提供了支持。人力资本理论的相关观点，有助于成人高等教育在开放办学过程中注重突出人才培养的市场特色，增强人才的市场应变能力、竞争力和服务力。

二、成人高等教育开放办学的内涵要素

从社会学和系统论的观点来看，成人高等教育开放办学机制是一个不断发展变化的复杂体系，其内涵要素也必然是多元化、多层次的，不仅包括目的要素、内容要素、方法要素等，而且这些要素相互制约、相互促

---

① ［美］西奥多·W·舒尔茨著，吴珠华等译.论人力资本投资［M］.北京：北京经济学院出版社，1990.

进,共同构成成人高等教育开放办学的内涵要素体系。

（一）目的要素：成人高等教育与社会和谐发展

我国正处于社会转型的新时期,正向和谐社会、学习型社会和创新型社会建设转型,这就要求成人高等教育在开放办学过程中,要全面理解社会转型的新方向和本质特征,不断进行办学改革的探索,使成人高等教育的发展能够与社会的发展相适应,实现彼此和谐发展。

一是推进成人高等教育与社会政治的和谐发展。成人高等教育开放办学必须要贯彻国家的政策和教育方针,根据国家提出的构建学习型社会、创新型社会和和谐社会而转变自身的教育观念,改变当前成人高等教育比社会政治政策要求相对滞后的现象。要及时在国家政策理念下,加快自身的改革方向,在开放办学过程中,首先要确定具体的培养目标、教学任务和内容等。成人高等教育不仅要面向社会,为全社会不同年龄、不同阶层、不同需求的人提供多规格、多形式、多层次的教育,而且要在新型社会建设的理念下,赋予他们正确的政治态度和思想意识,培养他们具备良好的精神风貌和政治素质,以抵制国际和社会的不良风气、风俗和思潮,维护社会的稳定和团结,使他们成为兼具知识、能力与道德思想的人才,从而实现成人高等教育与社会政治的和谐发展。

二是推进成人高等教育与社会主流文化的和谐发展。成人高等教育必须重新审视自身与社会主流文化之间的本质关系,树立坚定的文化自觉信念,统一广大成人教育工作者的思想认识,使社会文化建设成为成人高等教育开放办学的语言传递。同时,要充分肯定自身的文化价值,对自身文化生命力有坚定信念,并以此为动力,从根本上廓清过去成人高等教育"缺文少典"的认知误区,让文化的坚实成为成人高等教育开放办学的源头活水。当然,这更是一种文化自强,不仅要发扬自身传统文化传承枢纽的社会职能,还要把为社会创造新的文化要素作为未来发展的神圣使命,摒弃以往"重效益、轻文化"的陈旧思维,以此凝练成人高等教育开放办学的目的要素。

（二）内容要素：成人高等教育与国际成人教育协调发展

在经济国际化的推动下,教育国际化成为社会发展的必然趋势。在国际教育市场开放的前提下,教育资源在国际间进行配置,进行交流与合作的教育活动日益频繁。国际经济格局的变化与教育国际化的趋势,归根结底是国际化人才的培养问题和竞争问题。对于成人高等教育来说,教育内容的选择不仅要满足本土化的要求,更要适应国际化的要求,为社会的发展培养越来越多的国际化人才。高校与国际协调发展的要旨,就是强调成人高等教育开放办学要针对当前经济全球化带来的国际化人才需求和教育国际化情形,力求实现以下目标:(1)创立成人教育发展新增长点。开放办学必然促进成人高等教育与科技全球化对接,成人高等教育与国际成人教育将在更为广阔的时空中全面接轨,"引进来"与"走出去"同步发展战略的进一步落实,不仅为成人高等教育的境外发展带来了机遇,也为中外境内合作办学提供了更大的发展空间。"到境外去办学""把更多的外国学生吸引到中国来学习",将成为成人高等教育发展的新增长点。(2)营造成人高等教育发展新生态。国际成人教育交流的不断扩大,国外先进的终身教育、职业教育体系的引入,必然对成人高等教育传统办学观念产生巨大冲击,推动成人高等教育整体观念的变革,通过借鉴国际成人教育先进的管理模式、运行机制和教育资源融合机制,对自身的办学理念、管理模式、教学内容、教学方式进行深度优化与整合。特别是国外网络教育等现代教育形式的种种优势,必然有力地推动成人高等教育的办学行为方式向网络化、数字化转进,催生具有中国特色的成人高等教育新生态。

(三)方法要素:成人高等教育与市场协作发展

成人高等教育发展的起点和落脚点都体现在能否与市场变化发展紧密联系,让市场在人力资源配置中起基础作用,把人才培养与市场紧密结合,突出人才市场的开放性,提高人才服务于市场的公共服务水平上。

一是针对当前我国人才市场发生的人才需求变化,成人高等教育要面向市场,根据市场经济增长模式的转变,创新符合市场的特色化办学体制,逐步实现招生机制市场化、教育资源投入社会化、教育管理特色化和教学内容的现代化,从而推进成人高等教育办学与市场的对接。

二是针对当前人才评价标准的变化,成人高等教育要面向市场,引入市场机制、竞争机制,建立与市场相配套的人才培养机制,通过与市场密切联系的企事业团体等联合办学,实现人才培养的个性化、专业化、市场化和复合化,为市场的发展培养集品德、知识、能力和业绩于一体的德才兼备的新标准人才,从而实现成人高等教育人才培养符合市场发展的要求。

三、成人高等教育开放办学的表现形式

（一）价值诉求：以人为本与服务社会协调

以人为本是科学发展观的核心，是以人的发展统领经济、社会发展，以经济、社会的发展结果来保障人民的经济、政治和文化权益，使发展的成果惠及全体人民。成人高等教育要通过开放办学，使全社会的人不断打破各种限制，在广阔的社会环境中进行选择性学习与创造性活动，使人有全面自由发展的空间和可能性条件，实现人的全面、自由、和谐发展，从而为社会和经济的发展贡献"智力"和"才力"。现今，我国成人高等教育与社会的融合度还比较低，由于受普通高等教育的影响，它的移植现象还没有从根本上解决，而开放办学是打破这种格局，寻求特色创新基点的必由之路，承担着服务社会的重大使命。因此，成人高等教育开放办学要树立"以人为本与服务社会协调发展"的价值诉求，通过以人为本培养社会人才，以人才发展实现社会、经济的发展，达到人与社会的共赢，真正实现成人高等教育的特色发展。

（二）取向情境：对内开放与对外开放并重

传统的开放办学是基于学术交流和产、学、研结合的办学，这些只是开放办学的一部分，在高度国际化趋势的今天，开放办学不仅要注重学校内部的开放，还要拓展学校外部资源，包括国内、国际两方面，是一种全方位、多层次、质量化、立体化的办学。只有两者并重，才能体现开放办学的真正意义。

一是成人高等教育开放办学要通过资源共享，创设"内外开放并重"的取向情境。成人高等教育要突破本身办学条件的限制，冲破机构藩篱，广泛利用母体高校和其他教育机构或企业的优势资源，建立共享信息和网络资源平台，在基础设施、师资、仪器设备等方面，实现教育资源共享。通过资源共享带动成人高等教育与其他机构的整体办学架构，充分实现对内对外开放并重。

二是成人高等教育不仅要立足国内、走向国际，开展学术交流和合作办学，引进优势资源，学习并借鉴国际先进的办学经验，还要在倡导资源双向流动的理念下，促进成人高等教育办学质量的提升，实现成人高等教育与国际的优势资源互补，共同提高学校的办学质量，创新办学特色，以机构内部的改革和质量提升为目的推动国际性开放，实现对内开放与对

外开放并重。

（三）行为方式：学历教育与非学历教育共举

学历教育与非学历教育是当前我国成人高等教育开放办学的两个方面。成人高等教育开放办学要顺应人才市场变迁的潮流，就必须推进这两个方面的发展。在我国成人高等教育中，学历教育一直占据着主导与主流地位，而非学历教育一直处于从属和次要地位，发展缓慢。因此，走"学历教育与非学历教育共举"的道路，是成人高等教育开放办学的重要行为方式。

一是成人高等教育要面对人才市场的革命性变迁，注重整体性的发挥，充分认识和把握学历教育与非学历教育在构建终身教育体系和学习型社会中的不同作用，通过调整办学理念，建立新的网络教育平台，推进学历教育与非学历教育的同步发展，满足不同人们不同阶段不同时期的学习需求。

二是成人高等教育要扩大开放力度，大力发展非学历教育，改变主要依靠学历教育的发展策略，凸显非学历教育的开放性、多样性，走学历教育与非学历教育共举的道路。通过寻求两者的共同点，实现共同发展。将学历教育的课程内容和非学历的课程内容相对接，使课程资源与技能证书相挂钩，据此制定相统一的考核制度与实施办法，实现两者的资源共享和学分互认，达到两者的共举。

第三节　高校成人教育开放办学机制的构建

高校成人教育开放办学机制构建是一项社会工程，面对当前社会发展，尤其是市场经济给机制构建带来的种种挑战，本节从政府保障缺失、社会整体认识缺位、政府办学监管体系缺乏三个方面，提出构建成人教育开放办学机制的目标与原则，进而探索高校成人教育开放办学机制构建的策略。在我国高校成人教育发展过程中，开放办学机制构建具有重要地位，是成人教育的管理水平与发展层次的集中体现。其中明确高校成人教育开放办学机制构建的内涵、分析开放办学机制构建存在的问题，以及对高校成人教育开放办学机制构建策略的思考，不仅是高校成人教育发展的要求，更是我国对外开放战略带给成人教育未来发展的现实难题。通过对上述问题的探索与思考，为高校成人教育开放办学机制构建，注入一些新的思路与活力。

一、高校成人教育开放办学机制构建的基本要素

（一）构建内涵

"非学校化与学校化教育和谐发展"是其思想基础。这种认识应是高校成人教育在我国对外开放环境下现代思想的体现。它以"学校教育社会化"理念为核心，以"主动对接、联合办学、同步发展"为宗旨，以当代高校成人教育应有的时代使命和社会责任为引领，以敢为人先的态势，着力改革与变迁原有的对外开放办学机制，去构建一种与国际成人教育潮流相呼应，与社会经济发展相适应，与广大民众需求相融合的新型开放办学机制。也正是这种"开放"和"人本"的精神，促进着高校成人教育去开辟从学校教育通往社会教育的种种路径。

"权威性与开放性协调发展"是其行为准则。它既强调了高校成人教育开放办学机制构建的"国家权威性"，是政府或高校组织实施的，或各级政府委托相应社会组织机构组织实施的各级各类各种形式的教育活动，又在内涵上具有开放性，既包括各类学历教育，也包括各种专业技术类的职业资格认证教育以及各种面向社会的知识和能力的文化教育等。在开发社会人力资源、培养专业人才和职业人才方面，比其他教育制度更开放也更有实效性。

"灵活性与自主性匹配发展"是其方法论的选择。这种方法论倡导"学校与社会互动""国内与国际交流"的跨越精神，是对以往高校成人教育开放办学内外失衡状况的校正与制衡。不仅推动高校成人教育突破历史惯性带来的障碍以及成人教育本身办学条件的制约，彻底改变过去地摊式的办学窘境，而且充分利用母体高校和其他教育机构或企业的优势资源，建立更为灵活又具自主个性的社会平台。同时，还能促进高校成人教育把"走出去、引进来"的开放办学战略落到实处，把灵活且自主的特色融入优质教育资源引进和国际先进办学经验学习及借鉴之中，真正体现高校成人教育开放办学机制构建的鲜活时代个性。

（二）构建目标

高校成人教育开放办学机制是一个涉及政治、经济、社会、文化、教育等多方面的综合体系，是立足于办学的社会环境和高校成人教育本身的资源与现实提出的可持续发展的办学战略与方向。它的总体目标应该涵

盖以下几方面。

通过高校成人教育开放办学机制构建,实现高校自身的可持续发展。高校成人教育的相关部门通过明确办学定位,根据自身的背景和本地区现状,寻求一条适合自己的开放办学之路,以培养全面发展的人为己任,增强适应社会的自觉性和服务社会的主动性,把开放办学和经济发展密切联系起来,引入社会市场竞争机制和人才培养机制,谋求在开放的广度、深度和力度上进行大的突破,以开放办学的改革创新为实践元素,构建良好的开放办学机制。

通过高校成人教育开放办学机制构建,实现人才培养的质量化和复合化。高校成人教育开放办学机制构建是以开放的眼光,面向社会、面向国际,敢于打破学校界限、地区界限和国家界限,借鉴、利用社会和国际资源,通过把国内外的优势资源和智力引进到国内人才的培养上,构建与之相符合的管理体制、教学机制和培养模式,力争培养出能够融合国际与国内、知识与技能、管理与实践等为一体的全面型复合人才,最终实现人才培养的质量化和复合化。

通过高校成人教育开放办学机制构建,实现社会的和谐发展,推动学习型社会的建立。高校成人教育开放办学机制构建是在教育国际化和教育终身化的理念下,为实现和谐社会和学习型社会的目标而实行的可持续发展战略,通过开放办学机制的构建,为社会发展培育高质量的复合型人才,即不仅具有高素质的道德理念和行为,又具有专业化的知识和技能;不仅具有接受高等教育和培训的学习经历,又具有终身学习的行为和能力,主动建构和完善身心素质,与社会和时代接轨,形成和谐社会和学习型社会的"人网",实现社会的和谐发展,推动学习型社会的建立。

（三）构建原则

要实现规范化和体系化的高校成人教育开放办学机制,其构建的基本原则将起着非常重要的作用。

开放性原则。开放办学机制要立足于社会经济发展的需要而逐步改进和完善,形成一个动态的开放性办学机制。另一方面,高校成人教育开放办学机制是由各个要素相互作用、相互联系构成的一个体系,这个体系不仅具有整体性,而且具有动态性,也就是说高校成人教育开放办学机制是一个有机联系的整体,各个要素之间要进行开放互动的联系。

共同性原则。共同性原则是指高校成人教育开放办学机制构建是立足于高校与企事业和社会共同发展的目标之上的。尽管高校、企事业和社会各自的功能不同,但都有一个共同的目标,就是需要通过培养符合社会发展的人才来促进各自的发展。因此,在构建高校成人教育开放办学机制时,要以生为本,根据社会发展的需要,制定相应的培养目标和具体的课程专业设置,并构建科学化的教学机制,培养出符合社会市场需求的全面发展的复合型人才,从而实现三者共同的发展。

务实性原则。务实性原则是指高校成人教育在进行联合办学、合作项目时,要根据我国的国情、地情和高校成人教育自身的特点,有选择地借鉴和吸收国外的办学经验,并要注意本土化,融合高校成人教育的自身特色。我国高校成人教育一方面要在坚持培育全面发展的国际化人才的基础上,通过引资、引智等方式来促进我国人才培养质量的提高,特别是在和国外合作办学时,要防止西方不良影响,注意消化吸收,并科学地运用到实践中去;另一方面,在引进的同时,要把握"本土化"与"国际化"的关系和尺度,取其精华去其糟粕。

二、高校成人教育开放办学机制构建存在的问题

(一)政府保障缺失

政府保障缺失主要表现在以下两个方面。

一是某些政策措施滞后。近年来随着经济全球化与教育国际化的深入,开放办学成为我国高校成人教育寻求发展的必由之路,我国政府也非常重视开放办学,对高校开展国际合作与交流,进行合作办学的倾向性较为重视,但对高校成人教育进行开放办学的政策措施方面涉及非常少,直到 2010 年 7 月 29 日《国家中长期教育改革和发展规划纲要(2010—2020 年)》的正式颁布,才明确提出了"创立高校与科研院所、行业企业联合培养的新机制"。在职业教育发展任务中,专门强调调动行业企业的积极性,实行工学结合、校企合作、顶岗实习的人才培养模式,推进校企合作制度化,鼓励行业组织、企业举办职业学校;积极推进"双证书"制度,推进职业学校专业课程内容和职业标准相衔接。这些内容终于使开放办学行为明朗化,给成人教育开放办学机制的构建注入了强心剂,但是要实施这些政策与理念,还缺乏国家的具体规划与进一步措施。

二是成人教育法律法规缺失。相关的法律法规是高校成人教育进行办学和改革的依据,但是起着宏观引领作用的《成人教育法》始终未见出台,没能够为广大从事成人教育办学和管理的部门带来法律上的保障。虽然在《高等教育法》《职业教育法》和每年的《教育规划纲要》中提到

一些有关成人教育的内容,但都是些总括性内容,关于高校开放办学的法律法规更没有形成一系列完备的体系,只是在 2003 年 9 月施行了有关中外合作办学的《中华人民共和国中外合作办学条例》。有关开放办学的其他方面,诸如高校与企事业联合办学、高校与校外其他机构进行合作办学、开放办学的监管法律法规都杳无踪影。我国政府大力提倡高校进行开放办学,可是开放办学的进程却举步维艰,成人教育立法迫在眉睫,针对开放办学的相关法律法规也亟须制定并颁布实施,这些都是保障我国高校成人教育开放办学顺利实施的外部条件。

（二）社会整体认识缺位

对我国高校成人教育开放办学机制构建的社会整体认识缺位,即指传统的高校成人教育由于办学质量偏低,又不能形成自己的办学特色,失去了群众的认同和信任。社会公信力原指国家机关或公共服务部门在处理社会公共关系事务中所具备的为社会公众所认同和信任的影响能力,也是公民在社会生活中对社会组织体系、社会政策实施以及其他社会性活动的普遍认同感、信任度和满意程度,是公民对社会组织及其政策的一种评价。社会整体认识缺位从某种程度上来说是社会公信力缺失。根据对我国某高校成人教育相关人员访谈的调查信息来看,在社会发展对人才高质量需求的今天,高校的扩招和各大中专院校、民办院校的建立导致原本作为发挥学历补偿教育功能的成人教育生源市场也渐趋萎缩。现今,高校成人教育处在改革的浪尖,进行开放办学是解决这一问题的根本路径,但是社会公众的思维定式阻碍了对高校成人教育开放办学的认同;另外,由于市场机制的不完善导致社会上许多培训机构夸大宣传教育教学效果,现在许多人宁愿去参加社会上其他教育培训机构的培训项目,也不愿参加高校成人教育的项目,致使高校成人教育相对被动,他们甚至觉得高校的师资和办学条件比较弱,不能保证培训效果的针对性和实效性。

（三）办学监管体系缺乏

社会调查显示,当下政府管理体制的行政化和单一化,使得我国高校成人教育在开放办学过程中没有相关的中介机构监管,法律法规建设与办学现实的脱节,严重影响了高校成人教育开放办学机制构建的进程。其中一个问题就是社会人员对高校成人教育机构缺乏一个理性的认识,而是停留在一个固定的思维范式当中。他们主要还是倾向于把参加高校成人教育看作是花钱买文凭的手段,而不是提高自身技能、素质水平的求学之路。因此,现在我们进行开放办学,扩大办学项目、提高办学质量,进行办学方向的转移等都是解决此项问题的有效手段。

监管体系的缺失必然加重教育市场的混乱,有些成人教育抱着谋求利润的想法,在没有政府或母体高校审批的情况下,贸然进行联合办学和新项目拓展,使办学不能规范化、制度化和持续化,甚至经常性地导致教育培训项目的夭折,使培育人才的使命感与责任感大打折扣,严重影响着我国高校成人教育开放办学机制的建立。另外,缺乏信息督导机构,致使高校与外界相脱节,不能使双方的信息畅通。在混乱的市场机制中,那些有接受教育培训需求和有着继续学习需要的社会公众因为没有足够信息的专业引领人与介绍人起中介作用,很容易盲从于一些虚假夸大的教育培训广告宣传,以致影响求学道路。

三、构建高校成人教育开放办学机制的主要策略

要把高校成人教育开放办学机制从理念变为现实,就必须要有一个科学而具有整体性的路径设计,把外部保障机制、内部运行机制和起督导作用的监控机制等作为理论推向实践的载体,为开放办学机制构建提供必要的现实条件和建设环境。

（一）建立政府保障机制

构建良好的政府保障机制是高校成人教育开放办学机制构建的前提条件。政府应站在国际的视角,高度重视成人教育的发展,以长远的眼光从全局的高度,来正确把握高校成人教育开放办学的发展方向,通过立法、建立信息咨询机制、监管机制,形成"立法与建制同步"的保障机制。

制定完善的成人教育法律法规体系是规范和保障高校成人教育开放办学健康发展的重要法宝。国际上发达国家的成人教育之所以发展得比较好、比较快,其中一个很重要的原因就是建立了比较完善的法律法规体系,使成人教育的办学活动有法可依,有章可循。而我国成人教育在法律法规建设上存在着重大缺陷,成人教育立法迫在眉睫。

首先,政府及管理部门务必要将成人教育立法提到重要的日程上来,并根据我国现实国情制定相配套的法规和政策,增强其操作性,确保其颁布和顺利实施。其次,要在成人教育法律当中,对其经费来源和专项拨款及其他优惠政策做出明确规定,以此来保证高校成人教育开放办学的经费,并要对相关办学运营、管理、体制等方面做出明确的成文规定,保障高校成人教育办学的科学化运行;再次,高校成人教育开放办学不仅是

对国内开放,同时也涉及对国外开放进行联合办学等,这就意味着在推进《成人教育法》制定和颁布的同时,我们还必须顺应教育国际化的趋势,加强建立与国际通行准则相互衔接的法规政策,鼓励高校成人教育主动建立起适应开放办学的运行机制,以此推进成人教育开放办学的法律及措施的制定。

（二）构建信息咨询机制

建立高校成人教育开放办学信息咨询机制,不仅可以给教育消费者提供帮助,给国内外办学机构和相关企业提供高校成人教育的具体情况和信息,还可以通过信息研究和信息反馈为办学管理提供有力的指导,引导和鼓励我国高校成人教育与国内外优质教育资源联合办学。高校成人教育开放办学是学校与外界之间发生交互作用,相互促进、相互制约,并最终达到双赢的过程,需要一个具有中介性质的机构来作为连接两者的桥梁,利于信息的畅通。

要从以下方面着手建立高校成人教育信息咨询机制。首先,要成立信息咨询机构。信息咨询机构是信息咨询机制的重要载体,相对高校成人教育比较独立。要建立从政府到学校的自上而下的一系列信息咨询机构,由政府统一管理引导,信息咨询机构有自主权。其次,要设立专家组,专家组成员通过严格的竞争选聘方式上岗,要具备比较深厚的研究基础和优秀的分析研究能力,及时采集信息和对信息进行分析研究,向国内外提供良好的咨询指导服务,并且要向政府和高校有效地反馈信息和研究结果。

（三）构建社会化监管机制

建立和完善高校成人教育开放办学的外部监管机制,是高校成人教育开放办学规范并有序发展的强有力保证,既能反映开放办学机构取得办学许可证的基本信息,又能跟踪反映办学的实际情况,形成开放办学的全程动态监管。我国政府机构和教育部门已认识到建立开放办学监管系统的重要性,并且针对中外合作办学在教育部国际合作与交流司增设了教育涉外专门监管机构——教育涉外监管处,但是对高校成人教育进行开放办学的监管机构和体系还未建立。

因此,建立高校成人教育开放办学的外部监管机制还任重道远,需要从许多方面完善和深入建构。首先,现阶段最主要的任务就是推进成人教育开放办学监管机构的建立,从中央到地方建立高校成人教育开放办学监管部门；其次，要制定相关的监管政策和条例，规范监管机构的监管行为，从开放办学信息披露、办学治理、办学持续督导和募集资金管理等方面着手监管，努力处理好办学规范和发展、监管和服务的关系，防治并举、统筹兼顾。

（四）构建市场化评估机制

科学合理的评估机制不仅可以促进高校成人教育自我建设、自我整改机制的发展，充分激励高校成人教育提高开放办学质量，又能促进高校成人教育在开放办学时形成良性竞争机制，起到对教育质量的长效保障作用。2004 年 8 月成立的教育部高等教育教学评估中心，标志着中国高等教育的教学评估工作开始走上制度化、专业化和科学化的发展道路。但是在我国高校成人教育开放办学方面，评估机制至今还未建立，在很大程度上阻碍着开放办学的有效开展。我们可以根据高等教育评估机制，建立市场化的高校成人教育的评估机制，从而保证开放办学水平和教育质量。

建立内外结合评估机构。要组建开放办学评估机构体系，不仅要建立独立的国家评估机构，在对评估机构专家的遴选上，要选取专业性强、公允正直、具有较强理论基础和实践经验的各方人士，并要有广泛的社会代表性，可以包括国家教育部门、社会企业、团体、国际组织等，而且要建立高校成人教育自身评估机构，成员由具有广泛专业知识基础的研究专家和本地著名企业、经验丰富的社会人士组成，负责开放办学的教学质量评估。另外，要吸纳社会公众参与到开放办学的评估中，使开放办学更好地满足社会多样化的需要，最终形成国家政府、学校、社会共同组成的内外结合评估机构体系。

建立完善的评估制度。要建立完善的评估制度，明确评估标准，对有关开放办学的各种具体属性制定出合理标准的评估体系和评估细则，规范评估程序。具体内容包括开放办学的办学条件评估、教育质量评估、办学水平评估等。办学条件评估是开放办学实施的基础，包括开放办学的主体间的资源优化配置、教学基础设施建设、资金人力投入等指标。教育质量评估主要包括具体的专业设置、课程体系、教学内容、教材的改进、教学手段等指标；办学水平评估包括师资队伍和学生培养质量的评估，前者是确保办学质量的前提，主要包括组织结构的合理性、师资队伍建设、管理培训、选聘制度的建立与实施等指标。后者则是检验开放办学效果的砝码，包括学生的科研创新能力、素质条件、用人单位的反馈等指标。

第四节　北欧五国成人教育改革的本土引思

　　北欧五国成人教育改革相当成功,其所展现出的经验和特点,不仅对欧洲成人教育的发展有助推作用,对中国成人教育的改革也有重要的借鉴与启迪意义。在此意义上,本节从北欧五国成人教育改革的社会、经济、文化环境入手,深入分析北欧五国成人教育改革的基本特征与不同特色,并以此引发我国成人教育进行改革发展的新思考。北欧五国的教育改革令世界瞩目,特别是在成人教育的改革方面所取得的巨大成就,不仅培养了一大批具有较高文化素质和职业素质的人才队伍,使得国民综合素质普遍较高,更引起了世界各国政府与学界的高度关注。立足北欧五国成人教育改革现状,针对北欧国家成人教育改革中政府高度重视成人教育、普通教育与成人(职业)教育互动模式的建立、成人教育的迅速发展与普及等特点,进行必要的深度思考与理性借鉴,为我国成人教育的改革创新提出新思路。

一、北欧五国成人教育改革的社会视阈

　　成人教育改革是一项社会工程,离不开社会方方面面的支持与协作。这种状况在北欧五国表现得尤为明显,甚至可以说,是得天独厚的社会、经济、教育环境,奠定了北欧五国成人教育改革的基石。

(一)"全民改革"的社会环境

　　北欧五国成人教育改革发展得益于社会化的改革环境。长期以来,北欧五国政府根据本国的社会经济发展实际,以企业为主体,以高校和研究机构为两翼,全面推进全民改革机制建设。北欧国家这种全民改革机制主要特征有二:一是政府在这个改革机制建设中扮演着引领者、组织者和实施者的角色,以政府的权威力、系统力、执行力全面推进全民改革机制的运行。二是通过对社会公共研发资金的科学统筹,以及对社会改革资源的合理配置,有效激活社会经济发展的内在潜力。在此机制运作下,尽管欧洲其他国家的经济规模与人口数量远高于北欧国家,但改革投入及研发队伍规模却普遍低于北欧五国。在英国《经济学人》信息部(EIU)2009年发布的《全球最具改革力国家和地区排名》中,北欧五国改

革力均名列前茅,芬兰的改革力更是高居全球第三,而南欧国家无一进入前20名。高水平的改革能力不仅为北欧经济注入了源源不断的内生动力,在某种意义上也催动了成人教育改革的社会要求。

以瑞典为例。瑞典成人教育是一种典型的成人教育(包括职业教育)与普通教育统合的体制,强调对普通教育与成人教育执行统一标准,提高社会对成人教育的认同率。同时,瑞典还建立了国家改革署,把鼓励包括成人教育在内的教育改革作为它的重要职能。自2001年以来,政府向国家改革署投入资金超过20亿瑞典克朗,以鼓励和扶持各类教育改革,尤其是对在校的大学生,或已就业的大学毕业生,以及有多年工作经验的从业人员的技术改革进行政府资金支持。相关调查数据表明,近些年来,大多瑞典成人教育机构都把进行各类改革活动作为自我发展的主要动源。其中,成人继续教育职业培训教育改革最为普遍,特别是针对在职人员的成人教育改革活动最为活跃。

(二)"相对独立"的经济环境

北欧五国成人教育改革还与相对独立的经济环境有关。这种相对独立的经济环境有两大特点:一是独立的货币政策。北欧五国不加入欧元区,只是与之长期保持着若即若离的经济联系,避免在汇率上被欧元"绑架",以保持国家的经济稳定。换而言之,就是在欧元区经济发展时,北欧五国能从中共享某些发展机遇,有利于本国的经济发展。而在欧元区的经济危机到来时又不会受较大冲击,有效抵御欧元区内国家的连锁式债务风险。二是灵活的财政政策。北欧五国都对本国财政政策结构进行了改革,强化了本国财政的有效监管,特别是在经济发展预算、经济增长动力、融资成本核算、对外资金投入、货币汇率变动、刺激产品出口等方面的政策做了重新修订,并根据内外经济发展的状况进行适时调整,构建了一整套灵活而独立的财政政策体系,从而避免了欧元区国家长期存在的财政监管缺失、国家过度借贷消费、自身经济增长动力长期缺失、国家之间货币信用危机等重大经济风险。

这种相对独立的经济环境不仅为北欧五国建立起比较完善的社会保障体系提供了条件,同时也在某种程度上为成人教育改革奠定了物质基础。北欧五国成人教育的经费主要是政府财政支持的,主要体现在两个方面。一是国家举办的成人(主要是成人职业教育)院校实行免费学习。学生入学后不仅学费、书费、交通费、午餐费全免,还可以根据个人的经济条件(家庭资助不包括在内),无偿获得不同数量的助学金和低息学习贷款。二是所有的社会成人培训部都由政府资助。由国家相关机构,包括国家和地方的成人培训教育管理机构或劳动力市场委员会承担社会成人培训的经费,参与有关成人技能培训、再就业培训、劳动力提升培训的人员,除免费学习外还可获得生活补贴。同时,国家还出台相关法律明文规定:政府有义务为那些年龄在 16 岁至 18 岁之间,未能进入高中且没有固定工作的青年提供就业培训;在职雇员有权带薪请假离职学习,并获得特别助学金。

（三）"勤政廉政"的文化环境

北欧五国成人教育改革与其特色的文化环境,尤其是积极健康的勤政廉政文化环境密切相关。北欧国家的"勤政廉政"文化环境主要反映在两个层面上:一是在廉政层面上。北欧各国政府都把廉政教育作为一项长期坚持的国策,全社会范围内营造一种崇尚廉政、痛恨贪腐的风尚,形成了一种"行贿受贿、侵吞国家财产、结党营私等行为甚于盗窃、抢劫"的社会共识,抵制、揭露、批判种种不法贪腐行为成为广大民众的自觉行动。二是在勤政层面上。北欧国家以建设"平民化"政府为基点,全面推进政府官员"平民化",上至总统、市长,下到一般公务人员,没有任务特权,总统平时骑自行车、市长乘地铁上下班的现象屡见不鲜。与此相对应,国家以法规形式制定了全国统一的政府人员餐饮标准,一菜一汤一饭是每顿饭的刚性指标。国家还从住房标准上实行官员的平民化,政府人员不论级别高低和头衔大小,一律居住在普通的住宅区。由此,"为民、务实"已然成为北欧国家政府人员的普通追求,他们纷纷把"创效"作为工作的首要任务,把"实干"作为未来发展的主要路径,把深入民间、了解民意、关注民生、排解民困作为一种常态化的勤政行为。显然,这种勤政廉政文化的推广,不仅有力地推动了社会经济发展,在某种程度上,也是推进成人教育改革的重要力量。

在廉政文化的导向下,北欧国家高度重视"弱势群体"处于失业、贫穷和社会孤立等的潜在危险,对成人教育,尤其是针对弱势群体的社会化成人职业培训教育给予了极大关注。在很长一个时期内,北欧各国政府根据本国实际,对那些受教育程度低于中学的、当前失业的人群,针对他们因为知识和技能上的不足在劳动力市场上往往举步维艰的现状,大力开展各类社会成人职业教育,保证"弱势群体"在职业技能教育上的高参与率,让他们接受技能培训。这成了北欧国家成人教育发展的一个鲜活特征。从国际职业读写技能测试结果中可以看出,北欧国家在针对不同类型的"弱势群体"进行成人职业培训教育方面,比其他的国家要成功得多。北欧国家在测试中比其他国家取得更高的分数还要归结于多方面的因素,包括一些公众的活动以及所带来的良好的学习氛围、社区大学的建立、高质量的初等教育和中等教育、较为开放的成人教育、市政的财政支持。

二、北欧五国成人教育改革的基本特征

自 20 世纪末,北欧五国政府先后开展了新一轮的成人教育改革,尽管北欧五国的成人教育改革各有特色,但在育人体系、教育机制、教学系统等基础性方面仍具有一些鲜明的共同特征。

(一)"助生成才"的社会体系

构建与发展一种鼓励广大成人成才,为广大成人成才提供必要条件的社会化的成人教育体系,当是北欧五国成人教育改革的基本特征。在挪威,通过"国家、地方政府和学校多向互动"成人教育(主要是成人职业教育)体系的建设,国家为成人教育学员的成才提供必要的社会条件。国家成立了专门的成人职业教育委员会,并赋予它协调与调整全国成人教育机构间的合作与交流,规划与设计国家成人教育发展的举措与方式的种种职能。与此相对接,各级地方政府也分别设立了区域性的成人职业培训理事会,承担着为本地区成人教育发展和规划提供建议与咨询的任务。同时,学校和企业包括公有企业和私营企业,都要无条件地履行好成人教育学员实习的责任,以确保学员有足够的实习场所和实习机会。

瑞典提出了新一轮成人职业教育改革目标,强调成人教育就是给每个成人有足够的发展空间和平等的机会,去接受展示个性特征的成人职业技能教育。要求各类成人教育机构必须全面充实成人学员的基本职业技能,采取种种措施,激励学生积极参与各项社会职业实践。与之相合,瑞典还建立了一种"三相互联"的成人职业教育体系,核心是在政府的引导和组织下,实现成人职业预备教育、高中阶段成人职业教育、学徒职业培训的一体化,以保障成人教育学员人才培养的稳定性与连续性。其中,成人职业高中学制是主要形式,学生在成人职业高中学习两年,再到企业实习两年,并在企业进行职业技能证书的考试,政府委托企业负责学生的职业技能证书的发放。成人职业教育学校毕业的学生满 25 岁并具备一定的专业经验,还可以通过几门课的考试进入相关大学深造。

而丹麦则在成人职业教育学生自我成长上下功夫。机构或学校要为

每一个学生的成才提供具体指导,既要对所有成人职业教育学生的个人教育计划、学习计划进行指导和审核,还要在学习过程中酌情对学生的个人教育计划进行调整和补充。与此相应,机构还要为每个学生建立个人学习档案,包括学生的个人学习计划、考试成绩单、学生的资格与能力评定、企业实训记录、教育部的有关培训文件和具体的课程规定、学徒培训合同等。通过以上两个方面的叠加,不仅要让每一个成人教育学生对现阶段的学习目的、学习要求、学习内容等有明确的认识,更要求学生对自己未来的职业方向、岗位选择、个人发展等有一个前瞻性的把握。

（二）"多元互通"的教育机制

推进成人教育与职业教育、普通教育等其他类型教育的多元互通,是北欧五国成人教育改革的重要特征。这种互通,并不是一种简单的合作或合并。它既要求彰显成人教育的主体地位,又要求体现国家人才培养的一体化要求,以同一性标准来衡量成人教育发展的层次与水平。

丹麦把成人教育与职业教育、普通教育互通作为改革的重心。一方面,推进普通教育、职业教育与成人教育教学内容的互通与交流,重视学生基本素质与成人素质的同步培养。国家的目标是,至少在同一年龄段中的95%的人员能够完成高中阶段的教育(包括成人职业教育与培训课程),为学生毕业后进入劳务市场或进入高等学校深造提供更多的选择方向,吸引更多适龄青年参加成人教育。另一方面,又突出董事会的作用,强调要由政府代表、工会代表、雇主协会代表、学院代表、学校代表所组成的董事会,共同制订教学计划与教学大纲,讨论决定成人教育的内容和结构问题。

芬兰在成人教育各层次间建立了"普通教育"与"成人教育"连通的教育体系,使学生们可以通过各种途径同步接受成人教育与高等教育,并规定初级成人教育和培训教育都应保证受教育者既可获得进入高等教育的资格,也具有工作就业的选择。初级成人资格持有者可以直接申请进入高级成人技术学院和其他普通大学学习。成人高等职业技术学院的学位课程由教育部审批,其认证的成人资格认证覆盖面与初级成人资格认证的覆盖面基本一致。

冰岛实行普通教育和成人教育的一体化,并没有独立设置的高等成人职业院校。中等成人职业学校的学生可以直接进入大学接受高等教育,而普通中学的学生也可以在高等院校接受成人职业教育。冰岛的高等成人教育与培训任务主要由7所普通大学承担。其中,比弗罗斯特商学院、冰岛技术大学和阿库雷里大学在高等成人教育中占据重要地位。这些大学不仅为全社会提供多层次、多样化、多方向的成人高等教育课程,还开设一些低于学士学位的成人教育文凭证书课程,相当于联合国教科文组织国际教育标准分类法中的 5B 级教育。

（三）"多能同步"的育人系统

北欧五国都把提升学生的多样性能力作为成人教育改革的首要任务。瑞典的成人教育改革就非常注重学生的基本能力、核心能力和公共基础能力的培养。一是培养成人教育学生的国际意识、可持续发展能力、科技与信息掌握能力、创业精神、平等意识、服务和客户协调能力、成人安全和健康能力等基本能力;同时,又注重他们的学习能力、动手能力、沟通能力、情感智力和伦理技能等核心能力的培育,使之成为学生们未来的情感生活、个性修养和事业发展的助力器。与之相辅相成,还把学生基础课程学习,自然科学、人文科学、体育、健康与卫生、手工和艺术等学科的学习作为公共基础能力培养的主要路径,不仅让学生对专业课程的学习更为深入,又为自己获得职业技能资格铺平道路。

丹麦则把实施成人职业教育学生双资格制度作为提升学生能力的重要措施,并规定了两种实施方式:一是学生在不少于一年半的学习时间内,完成了全部教学计划中的相关内容,且他们的综合能力水平得到了相关行业委员会的认可,即可授予相应资格;二是学生在不少于 2 年的修业期间,完成了校方根据学生的水平特别设计的个别化课程,也可授予部分资格。并规定凡是取得了部分职业资格的学生,由于其职业能力水平得到了行业委员会的认可,因此有资格在劳动力市场求职和就业。

芬兰早在 1999 年就对中等成人教育(主要是职业教育)进行改革,内容包括:成人职业学校学制统一为 3 年;实习课从 4 周延长到半年,以使学生在实践中熟练掌握专业技能,顺利完成从学校到工作岗位的过渡,从而增强学生自主就业的能力。同时,芬兰政府加快成人教育体系的改革,建立了以高等成人教育为主,以中等成人教育为辅的成人教育体系,它的主要目标就是要为当地培养各类工程技术人才,使青年人和成年人掌握应对未来的必要知识和技能,重点培养与当地社会经济发展联系最为紧密的自然资源利用、通信技术、商业管理、旅游业、娱乐业、社会公共机构管理等方面人才。

三、北欧五国成人教育改革的本土引思

北欧五国成人教育改革的成功经验,尤其是这些经验所具有的全局性与前瞻性意义,不仅对中国成人教育改革发展有着重大借鉴意义,更引起人们关于如何顺应国情,全面深化成人教育改革的种种谨慎思考。

（一）建立社会化的成人教育体系

如何建立顺应国情的成人教育体系？这是北欧五国成人教育改革带给我们最具现实意义的思考。就我国成人教育而言,关于"成人教育体系应具有社会化特征与意义"的观点已为社会与学界所共识,然而在实现中,"如何彰显社会化的意义与价值""如何明确社会化的内涵与结构""如何推进社会化的建构与实施"等问题,则作为一个有争议的领域而长期存在。

为此,我们从北欧五国成人教育改革的经验中或许可以得到一些启示。即要建立社会化成人教育体系就必须在两个方面着力。

一要建立社会化协调体制。即由政府、行业、学校、机构以及民众组成"多相互助"的协调体制。其中,中央政府应以"开放政府"的姿态,积极主动地承担起成人教育改革的领导者和设计者的职能,在国家层面上进行相关法律、制度、政策、战略的制定与规划,为成人教育改革指路导航。地方政府则应担当起组织者与实施者的责任,为成人教育改革提供人力与物力的支持。而相关行业则要在体系中自觉担当"中继站"与"变频器"的角色。

二要重构社会化育人体系。社会主义建设时期和改革开放后,国家先后以中等成人教育和高等成人教育为双轴线,建立了一种结构相对合理、业界比较分明、层次对接适宜的社会化成人教育体系。然而,在市场经济环境下,这种社会化成人教育体系遭遇极大破坏。原有的成人高等教育体系,在"大并校、大改名、大变性"的滚滚潮涌中分崩离析,颠覆了成人教育院校原有的办学目标、职能与属性。而中等成人教育体系的状况则更为惨烈,在"大升级、大撤并、大挂靠"的冲击下,几乎处于消亡的边缘。仅 2013 年,普通成人中等专业学校就比上年减少 104 所,成人高中比上年减少 250 所,技工学校比上年减少 19 所。这不仅对中国成人教育的改革发展产生重大负面影响,更是我国产业人才结构失衡问题产生的原因之一。因而,构建一种人才培养结构合理、多层人才对接的社会化育人体系,当是成人教育体系建设的核心要义。

（二）建立一体化的教学机制

如何构建立足本土的一体化教学机制也是北欧五国成人教育改革带给我们的另一个思考。就中国而言，关于如何构建成人教育一体化育人机制，正是一个政府、社会、学界、学校争鸣颇多、仁智各见的问题。这种争议固然有我国区域性社会经济发展不平衡的因素，也有不同地方政府对成人教育发展的认识问题，但更多的是相关院校对于教学目标与教学方式把握的不足。在此层面上，北欧五国成人教育改革的相关经验具有较好的启示意义。

北欧五国经验提示，成人教育一体化教学机制至少包括两个方面的内涵：一是专业与就业的教学一体化，强调成人教育的专业教学必须与学生未来的就业相对接。学校要通过多层次与多行业的实训基地的扩建，以及现代化与科技化的实习内容的设计，要求每一个学生都能在专业学习中找到自我未来成长方向，尽可能提升多种求职能力。同时，又要突出专业学习与就业竞争的对应。就业是关乎大多数学生的未来发展，面对日趋激烈的市场就业竞争，相关专业教学必须与市场就业竞争的形势与变化相对应，要通过各类实战性求职教学模式的设计与推广，不断提升学生们的求职技巧与从业能力，帮助他们在日趋激烈的市场就业竞争中处于有利位置。二是职前与职后的教育一体化。它所要求的是成人教育的专业教学必须与学生们的终身学习相融合。学校不仅要注重在校生的专业知识教学过程中的终身性能力培养，例如表达能力、学习能力、自控能力、承受能力、思维能力、记忆能力、观察能力、沟通能力等基本能力的培养。更重要的是，学校还要为已经就业的毕业生提供继续教育的平台，在解决他们的职业困惑、技术难题的同时，不断提升他们的领导能力、改革能力、执行能力、组织能力等职业能力。

（三）建立"人本文化"的育人模式

如何建立彰显特色的育人模式，无疑是北欧国家成人教育改革带来的又一现实思考。在我国既往成人教育发展中，人们关于建立何种育人模式才能最大化地张扬成人教育优势问题的认识，有过一个曲折与反复的过程。从20世纪的"四有新人"模式，到21世纪初的"创业人才"模式，直至现阶段的"三高人才"模式，粗看起来，都是以人为本，但细分一下就不难发现其中"人孤文单"的瑕疵，或是育人标准难以量化，或是育人指标甚为片面，或是育人取向相对空泛，在整体上缺乏一种"人本与业本相合"的人文底蕴。

在此视角上,北欧五国成人教育改革经验告诉我们,这种"人本与业本相合"的人文化育人模式最能彰显我国成人教育的优势与特征。它强调成人教育人才培养的宗旨就是"文化育人为根、品格育人为本、技能育人为径",主要由三个渠道来体现。一是要求学校育人与社会育人的相通。既要在专业教学过程中,把国家、社会、经济、文化、教育、科技发展的最新动态融入相关知识点内,以培养学生的政治敏感与学术敏感。同时,还要鼓励学生进入社会,深入成人天地,在行业企业、厂矿单位深入了解社会各行各业的用人标准和用工走向,从中发现自己的差异与不足。二是推进技能育人与品格育人的相融。它要求在相关职业技能的传授中,注重相关人格精神、修身立德、职业操守、公民意识等元素的注入与融汇,让学生在获得岗位技能和提升从业能力的同时,又领悟到"做真人、做真事、求真知"的人生真谛,培育自我"大心容物、虚心受善、平心论事"的处事情操。三是要注重专业育人与文化育人的相接。倡导把中国传统文化中的爱国主义精神、大局意识、勤劳勇敢风范等贯穿专业学习的始终,让学生在专业学习中感受到中国文化的魅力,树立起坚定的政治思想意识,自觉把共产主义信仰、中国特色社会主义信仰、实现中国梦的信仰融汇于专业学习之中,使"让国家满意、让社会满意、让学校满意"成为学生自我专业学习的心声与追求。

第三章　成人学习是学科建设的基本要素

当前,正是我国社会转型发展的重要关口,在急剧变革的社会形态下,成人教育学科建设原有的社会环境,必然会或多或少、或迟或早地发生变化,曾经拥有的辉煌正带着历史的尾光渐行渐远,扑面而来的是由于社会转型发展而带来的种种挑战和困难,以及不断凸显的深层次的矛盾和困厄,成人教育学科建设的路在何方? 已然成为社会和学术界高度关注的焦点问题。

回顾我国成人教育学科建设的历史,不难发现成人教育学科建设的基本要素主要涉及以下几个方面:现代教育理论的发展、成人学习的普适与变革、成人教育实践的进步、成人教育专业人才培养和学位点建设、成人教育研究机构的建立与运作、成人教育学术期刊的出版发行、哲学思想和相关学科对成人教育学科发展的影响、政府对成人教育学科建设的重视与支持等。其中,成人学习的普适与变革是枢纽,成人教育学科建设的本质就是成人学习与成人教育学科建设实践的互动过程。在此互动过程中,成人学习理论、成人学习模式、成人学习发展、成人教育变革等实践,为现代成人教育学科建设提供理论指导和实践支持,而现代成人教育学科反过来又为成人学习理论与实践的完善提供依据和信息。这就表明,成人学习是成人为了适应社会发展和职业变革而主动完善自我知识结构和提升职业技能的基本途径。从成人教育学科的研究范式、研究对象、内涵结构和方式推进上,成人学习与成人教育学科建设都有着本然的内在关系,深刻反映了成人教育学建设的本质与趋势。在此意义上,对成人学习进行深度分析与探索,尤其是揭示成人学习与成人教育学科内部板块之间的实然关系,不仅有利于深化成人教育学科建设的理论研究,也必然会在实践上有力推进成人教育学科建设的科学发展。

本章深度思考成人学习与成人教育学科建设的逻辑关系,成人学习变革对成人教育学科建设的推动作用,尤其是通过对成人"自性"学习、成人学习行为、成人"乐学"心理、成人转化学习的理论探究,发现成人学习与学科建设密切相关的因果与细节,从而阐明成人学习是成人教育学科建设的基本要素,为后续研究开阔视野。

第一节 《贝伦行动框架》视域下的成人 "自性" 学习行为

从《贝伦行动框架》视野纵横，当代成人学习行为正从"自助"向"自性"方向变迁，在自助学习向自性学习的变体中，不仅折射了当代成人学习的极端重要性，也摆明了厘清当代成人学习行为的极端紧迫性。本节从当代成人"自性"学习的理论与实践层面切入，廓清其基本概念，探究其内涵要素，把握其表现形式，为当代成人学习提供些许新思维。2009年12月，联合国教科文组织第六届国际成人教育大会在巴西帕拉州首府贝伦举行，大会围绕"走向美好未来的生活与学习——成人学习的力量"的主题，对国际成人学习与教育的重要作用展开热烈讨论，所涉及重要议题包括走向终身学习、成人教育与学习是人的基本权利、成人教育与学习面临的挑战等。而会议制定的《贝伦行动框架》，从某种意义上可以说是成人"自性"学习行为生成与发展的现实基础。

一、《贝伦行动框架》与成人"自性"学习行为诠释

自性，在荣格看来，它代表了心灵的整体性、完整性。它既是心灵发展的起点，也是终点。作为心灵发展的起点，它里面蕴藏着未来发展的可能性。作为心灵发展的终点，自性又是人格发展的最终目的，是个人成长的顶点。自性，在禅宗的语境中，指本来面目、本性、佛性等。

（一）当代成人"自性"学习行为厘定

《贝伦行动框架》认为，终身学习对于应对全球教育问题和挑战具有至关重要的作用。强调"从摇篮到坟墓"的终身学习是一种哲学、概念框架和各种形式的教育的组织原则。从上述认知顺延，在很大程度上可以认定，当代成人"自性"学习行为应是《贝伦行动框架》主旨的展开与拓伸。成人"自性"学习行为，包括学习者学习信念的自强、学习目标的自力、学习行为的自律、学习方法的自觉、学习个性的自尊。换言之，指学习者对于学习有着坚定的信心、坚韧的耐心、坚强的决心。此外，还包括自我尊重，自己要求自己，变被动为主动，自主选择适合自己的学习方法，主动实现学习目标等自我约束性学习行为。

其一,自强不息的学习意志。《周易》里有句名言:"天行健,君子以自强不息。"当代成人在严峻就业形势面前没有感到气馁,而是自觉地努力向上,永不松懈。他们靠着这种自强不息的精神,坚持不懈、不怕困难、善于自制地学习。这正是当代成人"自性"学习行为中学习意志的集中表现。

其二,从容自若的学习态度。从容自若是当代成人"自性"学习行为体现出的一种心态。他们在经历了严峻就业形势的考验、社会竞争的磨砺、自我积累之后,仍能表现出一种淡定,在成人"自性"学习行为中,秉持"自信与自尊相统一、自学与自立相统一、自觉与自律相统一"。

其三,自主个性的学习方法。指当代成人"自性"学习行为,以自己为学习主体,突出其个性特色,探索性学习、选择性学习、建构性学习。自主个性是当代成人"自性"学习行为中学习方法的本质,充分体现着成人主体所具有的能动品质,是成人获取知识的主要学习方法。

(二)《贝伦行动框架》是成人"自性"学习行为的认识基础

《贝伦行动框架》关于终身学习的观点是指学习应该贯穿于人的一生,应当既包括学校学习,也包括社会学习;既包括正规学习,又包括非正规学习;既包括或多或少有组织、有计划的正式学习,也包括任何场合中的、自发性的非正式学习;既包括幼教、普教、高教,也包括职教、成教及继续教育和回归教育;既包括就业、生产教育,也包括老年教育、休闲教育等。因此,对社会来说,是学习化社会。对于个体而言,是终身学习的一生。以此伸展,终身学习无疑是成人"自性"学习行为形成的认识基础,体现在以下两方面。

一是当代成人"自性"学习行为的架构理论定位。根据终身学习关于学习化社会理论,在任何情况下,每一位公民都可以自由获得学习训练和自我培养的机会,学习机会均等,学习主体从个体扩大到群体。可以看出,终身教育理论是当代成人"自性"学习行为的理论依据。因此,当我们把终身教育理论引入当代成人的学习行为中,就为他们"自性"学习行为提供了认识桁架。二是当代成人"自性"学习行为的价值理论定位。学习对当代成人而言,是终身学习的一生。终身学习是当今社会发展的必然趋势,一次性的学校教育已经不能满足当代成人不断更新知识的需要。针对当代成人学习行为的现状,加速优化和调整成人学习动机、学习方式、学习内容之间的相互关系,可以极大缓解成人学习行为中存在的问题,推进成人学习目标价值与学习行为社会价值的高度重合。

（三）《贝伦行动框架》是成人"自性"学习行为的现实支撑

《贝伦行动框架》关于成人学习行为的认知，尤其是关于"我们认识到成人学习和教育对实现《千年发展目标》、全民教育和联合国促进人类、社会、经济、文化和环境可持续发展，包括性别平等的各项议程起着关键作用"的论断，是当代成人"自性"学习行为发展的现实依据。

从社会学观点看，当代成人的学习行为必然与社会发展相依存，而这种依存关系决定了成人"自性"学习行为的存在，即"自我个性"的学习目标、"自我施压"的学习态度、"自我调节"的学习方式等。行为主义代表华生认为：心理学的对象不应该是意识，而是可以观察到的行为，并提出了刺激—反应理论。正是基于这一前提，推动了当代成人学习行为与社会发展之间的相互交流，社会发展的刺激使得成人自行调整学习行为。

从成人个体学习角度来看，《贝伦行动框架》要求当代成人学习行为要有自主性。正如托尔曼提出的，人总是要主动地加工信息、建构理解，即当人原有的"认知地图"与环境产生冲突时，人总是调动自己的行为以适应环境的变化。在当代成人学习过程中，他们应该主动地加工与学习有关的有效信息，建构自己对学习行为的理解，并且能够独立探索学习情境。

二、《贝伦行动框架》与成人"自性"学习行为要素

《贝伦行动框架》认为，成人教育与学习是人的基本权利，从这个视角来看，学习也是当代成人的一项基本权利。成人有权选择一种最为适宜自己学习现况的学习行为，去提高自己的能力、丰富知识，提高技术或专业资格，或者其以新的方向来满足自身和社会的需求。成人"自性"学习行为在其应对失业挑战中发挥着关键作用。

（一）自信与自尊相统一的动机要素

"自信与自尊相统一"是当代成人"自性"学习行为的动机要素。失业青年正处在人生道路的挫折时期，面对困境，有的城镇青年可以通过自己的努力，实现就业。有的却妄自菲薄，甚至自暴自弃。最终实现就业的城镇青年不是因为他们有什么神力，而是因为他们心中有着坚定的信心，并且渴望获得他人的尊重。"自信与自尊相统一"的动机要素力促当代

成人去适应社会。一是自信驱使成人百折不挠地学习与工作相关的职业技能及职业知识,应对社会的变化。我国正处于社会变革、社会转型时期,政治、经济、文化等社会各个领域出现大变革,这些变革要求当代成人具备相应的能力,比如学习技能、适应变化的能力、信息的理解能力、科普知识等,迎接新时代的到来。二是自尊给予成人成功的希望。通过"自我确定"学习目标,参加各种职业培训,接受长期或短期就业培训,使自己具有一技之长,成为合格的从业者。

在我国就业形势日益严峻的环境下,"自信与自尊相统一"强调当代成人要想获得他人尊重,要想成功就业,就不能轻言放弃,要对自己有信心。虽然外界就业环境不能把握,但是通过成人"自性"学习行为的实际行动,掌握了相关就业技能和从业知识,就可以使其产生力量。即使遇到就业挫折、陷入学习困境,"自信与自尊相统一"的学习动机为他们平添了一股勇气,驱使他们走出失业困境,取得成功。

(二)"自学与考试相统一"的内容要素

"自学与考试相统一"是"自性"学习行为的内容要素。其要旨是强调推进全面发展是当代成人的第一要务。在市场经济条件下,城镇失业青年要求得到发展机会,成为社会有用之才,就必须把个人的自学与国家的考试对接起来,敢于通过国家考试,获得相应的学历文凭或资格证书,让学习成果得到国家和社会的普遍认可,为今后的发展奠定坚实基础。通过自学,使得当代成人对日常学习提出更深层次的理解,不仅将日常学习中获得的知识进行沉淀,更是把这些知识化为一种能力。"自学与考试相统一"的内容要素是当代成人学习过程中不可分离的两方面,同存于学习这个有机整体过程中,考试是学习内容的基础形式,自学则是在这一基础形式上的提高。此外,当代成人还应该自学一些社会科学,比如哲学、经济学、教育学、社会学等学科,使得各学科理论有机融合,能以多学科浇铸的力量,预测学习中可能出现的问题,并着力完善自己的学习行为。

从上述意义上可以判断,在当代成人"自性"学习行为这一学习实践的过程中,"自学与考试相统一"的内容要素,要求当代成人将严格按照学习目标,规划好考试与自学的关系。不仅通过考试提高学历层次,推进成人个体在专业知识学习上勤勉、严谨、广博学识、储蓄能量,而且通过自学考试,进一步加强学习的自觉性和主动性,根据自身知识体系的薄弱点、兴趣点,有针对性地查缺补漏,不断扩大自身的知识面。

（三）"自觉与自律相统一"的方法要素

"自觉与自律相统一"是当代成人"自性"学习行为的方法要素。我国当代成人学习已经进入了一个质变的阶段，但要真正实现这一质变过程，采用"自觉与自律相统一"的学习方法，这是当代成人学习方法的理性选择。自觉强调的是成人内在自我发现、外在创新的自我解放意识，是人类在自然进化中通过内外矛盾关系发展而来的基本属性，是人的基本人格。自觉强调的是成人自觉运用唯物辩证法的归纳与演绎、分析与综合、抽象与具体、逻辑与推理的统一等学习方法，深刻地分析与探寻自觉的范畴，突出成人学习主体地位，注重成人学习行为的本质、地位、作用等。自律即成人对自己学习行为的自我约束性或规范性。成人在社会中总会遇到各种诱惑，是高职或低就？高薪或低薪？辛劳或轻松？成人的特性，可以做出较为理性的选择，但是自律性的高低影响着成人做出选择。

"自觉与自律相统一"的方法要素要求当代成人创造性学习和建构性学习。一方面自觉地运用辩证法和建构学习理论，在汲取社会学、教育学、心理学以及自然科学的基础上，结合自身的学习行为有的放矢地进行创造性学习。另一方面成人在学习中也会遇到挫折困难，唤醒其学习主体的责任感，确保其积极主动地探索、选择信息，积极主动地建构性学习。

三、《贝伦行动框架》与成人"自性"学习行为表象

《贝伦行动框架》关于学习获取终身技能的观点，认为每个人的能力建设都包括积极和消极的方面，我们也要以积极和赞赏的眼光看待生活。当代成人应该通过一种最能发挥自我内因优势的"自性"学习行为，在面临全新的、不可预测的社会生活时，仍能够把握好心态，自觉、自立、自信、自律，提高自身能力，争取获得幸福生活。

（一）"学习与就业同步"的学习目标

"学习与就业同步"是当代成人"自性"学习行为的基本目标。成人作为社会系统的重要群体，不仅面临着激烈的人才竞争和巨大的就业压力，也有着可以施展才华的发展机会。然而，迎接挑战和抓住机遇的关键，就是在成人学习过程中，必须明确"学习与就业同步"的学习目标。

一是学习内容与就业方向同步。当代成人处于人生发展的低谷，为

了自身可持续发展,学习与就业成为他们学习的目标。而以往的成人在学习中,过于重视学历学位需求,且自视甚高,就业期望值很高,学习目标短期化和趋于功利化倾向明显,忽略了学习内容的针对性,导致在学习与从业关系上的失衡,与市场就业相差甚远。现阶段,我国职业技能培训体系逐渐完善,专门的职业技能培训机构会对从业者进行就业长期或短期培训,使他们具有相关从业技能,成为合格的从业者。二是学习方式与岗位要求同步。现阶段我国企业结构调整,许多岗位不仅技术含量大幅提升,而且岗位要求不断更新,解决学习方式与岗位要求的矛盾应是成人选择学习行为必须关注的环节,基于此,当代成人需要明确"学习行为与岗位要求相和谐"的基本要求,把学习与岗位融为一体,且贯穿于"自性"学习行为的始终,学会处理好现时学习与未来岗位的内在联系,提高未来从业能力。

（二）"技能与素质共进"的价值诉求

"技能与素质共进"是当代成人"自性"学习行为的价值诉求。实践显示,人的综合素质是当前人才竞争和成功就业的主要评价指标。因而,当代成人学习行为必须体现"技能与素质共进"的价值诉求,生成符合从业需求的"技能＋素质"的复合型人才。

一是当代成人要提高技能,注重自己的动手能力,注重逻辑思维的培养,积累技术性相关经验。唯有如此,职业技能才能在日积月累的同时不断拓展,力求广博。同时,还应注意广泛涉猎,深知厚积才能薄发,久经历练个人能力才能得到极大提升。在成人"自性"学习行为中,技能与素质是并驾齐驱的,不能厚此薄彼。二是当代成人要不断提升自身的素质,比如身体素质、心理素质、文化素质、道德修养素质和思想政治素质,促进其综合素质的全面协调发展,培养他们的核心竞争力,为就业打下坚实基础。总之,成人技能的形成与发展要依赖素质的提高,素质的提高应力促技能的发展。技能与素质这两者本身并不矛盾,在实践中要摒弃要么抛弃技能强调素质,要么不顾技能一味强调素质,在技能和素质之间做钟摆运动的观点。我们应该知道无论强调哪一方面都应该把握一个度,应把两者结合起来。

（三）"自助与自力相助"的取向情境

"自助与自力相助"是当代成人"自性"学习行为的取向情境,要求成人发挥自身的力量,重点把握学习内容与社会需求的关系问题,从根本上克服过去学习内容的单一性、局限性，满足社会发展对当代成人整体素质不断提高的要求。成人失业的重要原因是缺乏相应的职业技能以及自身素质达不到职位需求。因此，获得技能以及提高自身素质满足社会需求是他们"自助与自力"的主要取向情境。由此出发，当代成人应学习各种职业技能以及适应社会的基本能力等。同时，更应该坚持理论与实践相统一，不仅关注这些技能知识，对于如何有效"自性"学习也应该感兴趣。最后还要注重学习行为与社会价值相结合，即所掌握的职业技能应具有普遍的社会价值，这对于当代成人实现就业具有普遍效应。

从上述意义上说"自助与自力相统一"的取向情境，不仅促进成人形成扎实的学识功底，有效增长他们应对来自失业压力的挑战和抓住稍纵即逝的工作机遇的能力，更多的是使成人养成谦虚谨慎、戒骄戒躁的学习作风，折射出终身学习的时代特色。

第二节　文化资本理论视域下成人学习行为研究

进入 21 世纪，我国社会主义文化改革发展，加速了文化资本理论在成人教育领域的引入与延展，本节从文化资本理论视野出发，深度剖析成人学习动机与文化资本理论、成人学习目标与文化资本价值、成人学习方式与文化资本转化等的内在关联，以期为成人学习行为研究提供理论支持与借鉴。文化资本理论自诞生之际，就与我国成人教育事业联系密切，特别是有关文化资本理论的论述，与成人学习行为变迁的联系更为直接。在我国社会主义文化事业大繁荣的形势下，文化资本理论对于成人学习行为的变迁更有革旧鼎新之效能。因而，如何在文化资本理论的视域下，对成人学习的动机、目标、方式进行理性剖析，对成人学习行为进行实效性的引领，应是我国成人教育改革创新面临的新的时代课题。

一、文化资本理论对成人学习行为的影响

法国社会学家皮埃尔·布尔迪厄（Pierre Bourdieu）所提出的"文化资本"概念，创造性地将"资本"范畴由物质性的经济领域延伸到非物质的文化领域。他强调，由于文化的产生与发展、获得与积累，都必须通过社会化的教育与学习这种特殊形式的劳动过程的加工，因而，"文化"也具

有"资本"的基本属性。[①]从某种视角来说,文化发展过程也是资本转化过程。

（一）文化资本的"形态转化"推动成人学习动机变化

文化资本理论提出,在文化资本形态多元化、多层化、多样化的情形下,其存在形态不仅可以在一定条件下相互转化,而且能实现多形态间的排列组合与相互转化,有利于文化资本价值内涵的深入与外延的拓展,并转化成为一股强大的核心原动力。这种"形态转化"概念引申到成人教育领域,则有助于促进成人学习动机的变化。其中,由虚拟形态向实体形态转化和由物质形态向精神形态转化的"双态转化"意义鲜明。

其一,由虚拟形态向实体形态转化,有利于明晰成人学习的动因。文化资本理论认为,文化资本必须通过一定载体才能将其文化价值由虚拟形态向实体形态转化。其中,推进这一转化最重要的"催化剂"与"立交桥"就是学习与教育。以此推论,在成人学习领域中,这种由虚拟形态向实体形态的转化,本质上就是将成人学习动因从隐性状态下显现出来,转化为现实的学习目标与学习需求,使之进一步厘清成人个体学习行为的取向、价值、范式,有效规划成人个性学习行为的起点、过程、结果,进而使"学以用为源"成为成人学习动因确立的基础。

其二,由物质形态向精神形态的转化,有益于明确成人学习的动力。文化资本理论认为,文化资本由物质形态向精神形态转化,是彰显其效能的必由之路。内在动力是实现这一转化的主要途径。以行求知是成人学习动力的激活,就是要把现实需求转化为持久的学习动力,在学习过程中,成人通过职业学习、技能学习、学历学习等各类学习行为的延续,将所获得的知识与技能充分吸收,并内化为自我价值,继而使"学以行为本"成为成人学习动力持续的价值追求。

（二）文化资本的"场域转化"促进成人学习认识变迁

文化资本理论认为,社会分化导致社会空间中存在场域类型的多样性,尽管不同场域的特征同源异流,但自主性却是这些场域间最本质的共有特征。这种"场域自主"的概念,在科学与教育领域表现得尤为突出。因此,这种场域转化观念对促进成人学习认识自主转型有实践意义,它倡导成人在不同的生活场景与学习情境中,要尽快实现学习心理的转变,激

---

① ［法］皮埃尔·布尔迪厄著, 包亚明译. 文化资本与社会炼金术: 布尔迪厄访谈录［M］.上海,上海人民出版社,1997.

活自主学习信念,从而树立必要的学习信仰与自主信心。从上述意义而言,"双信重立"应是旨奥所在。

其一,促使成人学习信念的重立。文化资本理论强调,场域自主性程度与场域内个体所获取的文化资本的程度呈正向趋势。因而,特定场域自主性越高,就越容易实现文化资本的转化。在成人学习这一具体场域下,成人学习信念的树立,是其学习行为与学习成果优化的意识基础。它要求成人以学而不倦的人文精神,推进自我有意识与无意识学习的相互渗透,积极寻获岗位技能新的增长点,把握职业知识发展的行进空间,预测专业知识发展的未来前景。

其二,促进成人学习信心的重塑。文化资本理论认为,一个场域越是自主,行动者在场域内获得文化资本价值与实现自我增值的机会也就越大。在成人学习领域,这种场域自由与获得文化价值和实现自我价值呈正比的理念,对成人学习信心重塑具有重要引导意义。它促使成人在日常学习中,以心路重正、心智重启、心态重调为引向,坚持发展基于学习、成功源于奋斗的理念,拼搏不止,自强不息,努力实现传统知识与现代知识的融会贯通,不仅对现时学习充满信心,更要对未来人生的发展充满希望。

(三)文化资本的"内核转变"推进成人学习行为变易

文化资本理论认为,文化资本虽要凭借一定的物质形式来表达,但是文化价值和文化意义始终是其不可放弃的内在核心,而这种文化价值和文化意义的动态变化,最终不仅能够促使已有文化资本的增值,还能孕化出新的文化资本。由此推论,在成人学习过程中,文化价值和文化意义的动态变化,既是成人对传统学历至上学习行为的反思,又是对现代素质为本学习行为的挑战,更是成人充分发挥自身优势与特长,以"双行同进"的目标,实施自为理性的学习。

文化资本活动不仅是对外在世界的表形模仿或简单摹写,更是一种主观创造性的活动,蕴含着人的独立精神与个性特色。在此视域下,它强调了成人学习行为作为一种创造性的社会活动,探索性学习与实用性学习的有效契合是其学习行为方式的重构。探索性学习行为是内涵,推动成人确立远大的学习目标,树立勤奋的学习风尚,养成严谨的学习态度。实用性学习行为是基础,促使成人根据生存需要与发展要求,选择适宜的学习形式和学习内容,取得有效的学习成果,从而实现学习的本体价值。上述两种学习行为轨迹的叠合,有利于多样、高效学习行为的奠基。

由文化资本所塑化的文化成果，不是对原初文化资源的描绘复写，而是对原有文化资源形式、样态以及内容的润泽与升华。这一理论对成人学习来说，意味着实现校园学习行为与社会学习行为的同步行进，已成为学习行为重构的捷径。换言之，成人在学习过程中，不仅要以校园学习行为去获得必要专业知识、岗位技能和职业规范，以所获得的学习成果内化为自我发展的根基，同时又要以社会学习行为去获得现代自然科学、社会科学、思辨科学的相关知识。通过多类型现代知识的互融，获得自我发展的社会知识积淀，形成以校园学习支撑社会学习，社会学习推动校园学习的良性生态，为塑造精业、聚能、修身的学习行为提供实践路向。

二、文化资本理论对成人学习行为困惑的解读

随着我国文化强国战略的全面实施，文化资本理论特色日益彰显，这无疑对反思成人学习行为所存在的问题大有帮助。

（一）文化资本的"认知聚凝"诠释成人学习行为方向的困惑

文化资本理论表明，社会群体共同心理和价值理念的塑造与传承、发展与创新，是文化资本活动的基本特色。正是文化活动赋予了文化资本形式与内涵的个性，使得社会群体认知能聚融其中，形成了同一的文化体系。以此反视，在成人学习作为具体化的文化资本活动过程中，大多数成人并没有把握好共同心理与价值观念的联系，产生了学习行为取向的迷惘。一些人对自我学习失去目标，总是质疑"这样学习有用吗？学习有什么实际作用？"，从而丧失了学习行为实施的对象与取向。又有一些成人将学习行为当作一种勉而为之的活动，面对纷繁的社会要求与生存需要，没有认识到学习行为是一种自强性活动，不愿意甚至不敢通过自我学习行为取向的调整，去探索人生的真谛和实现自我的价值。深入分析这些问题，其主要差异是成人在学习过程中，对于学习行为取向认知的困惑，从而导致他们对博学精业学习行为目标的迷惘。

要解决上述问题，需要成人在学习过程中，坚守学而有疑、学而有思、学而有新、学而有成的学习行为取向，深刻把握与诠释学习行为与学习目标的内在关联。进一步说，就是在学习过程中，生成带着问题学、带着需求学、带着目的学的行为导向，突出学会思考、学会吸收的行为风尚，注重坚持不懈、学有恒心的行为过程，掌握学习就要有心得、有新意、有收获的行为原则，孕育自强不息、自我提高的行为意志，使成人群体在明确学习行为取向的同时，将新的行为观念、行为意志以及行为范式聚化为有志者事竟成的行为目标。

（二）文化资本的"效率聚集"解释成人学习行为效能的困顿

文化资本获取是一个群体或个体通过相关实践行动,使自身文化资本质与量的持续增长保持相对优势的过程。这就要求相关群体或个体在不断提高自身文化资本质与量的同时,能用最快时间将其内化为自身能效,实现又好与又快的有机结合。从现实意义上,这种理念对解读成人学习行为效能问题颇为有效。比如,一些成人由于对学习效率认识的片面,往往认为"慢工出细活",不能将所拥有的学习成果快速转化为实用能效,或是大量冗余无关信息的充斥致使学习行为缺乏合理规划与科学实施,导致学习行为效能低下,学习效果事倍功半;还有一些成人贪多求速,大量盲目学习一些网络信息、快餐文化,奔波应付各种考试,在学习上花了大量财力与时间,收效却差强人意。出现这些现象的根源在于这些成人在学习中,未能很好地践行"效率聚集"的理念,在推进学习效率最大化的动因上有所缺失,致使学习效果始终无法实现由量变向质变的升华。

以上状态表明,成人在学习中,既要掌握现时岗位的业务知识,又要拥有未来事业的专业素养,促进现时就业与未来从业的贯通与衔接,这是提升成人学习行为效能的关键环节。这种要求能激励成人在学习过程中,以过去专业知识为基础,以现时岗位技能为本体,通向未来从业行业的学习行为素质桥梁。在这一发展过程中,成人要强烈感受到现代自然科学、社会科学、思辨科学的迅猛发展,更重要的是在上述学习行为的融会贯通中,不断拓宽自己的生存力,丰满自我的发展力,凝结自身的创新力,为实现自我学习价值寻到一条可行之路,达到事半功倍的学习效能。

（三）文化资本的"资源聚汇"注释成人学习行为方式的困窘

文化资本理论认为,通过主体间的转换,文化资本能够将不同主体特有的文化资源和文化信息在时间和空间中实现流动与共享、互动和重组,从而使群体或个体在这种形式的文化交流中,丰富文化占有、提高资源理论效能。这种互动聚汇运动,对成人学习行为方式提出了与时俱进的要求。如何将这种资源互动聚汇的特点作为引导成人学习行为方式的通达顺变,是我们需要解析的问题所在。一些成人面对知识经济时代浩瀚的学习资源,产生了"老虎咬天无从下口"的困惑,对如何选择必需的学习资源显得手足无措,更无从谈论实现自身与社会间学习资源的流动与置换。还有一些成人面对多样化的学习方式，产生了"到底哪种学习方式适合自己"的困惑，无从选择最适宜自身实际的学习行为方式。这些学习行为方法性的困阻，不仅影响了成人的学习兴趣，更导致学习效果低下，无效学习行为或低效学习行为普遍。

解决上述问题的关键是要注重构建"成人与社会、成人与学校、成人与成人、成人与实践"之间相互作用的互动关系，通过对诸多类型学习方式的比较，引导成人自我认识的提升，激活成人自我学习潜能；力求在成人学习中，创设成人为本、教育唯真，个人学习、社会互助，学有方向、技有所长，以学促行、以行求知的学习氛围，生成人人要学、时时能学、处处可学的学习环境；以学习行为方式的互通权变，架设成人素质提高的桥梁，为成人学习行为方式的科学抉择提供理性参照。

三、文化资本理论延伸对成人学习行为创新的作用

时下，文化资本理论正向文化意义和文化价值互动、文化能量与文化修养互动、多元文化与多极文化互动方向延伸，而这种延伸所产生的巨大效应，必然对成人学习行为产生引领性影响。

（一）"文化意义和文化价值互动"有利于成人学习行为的内涵创新

张扬文化意义和文化价值互动是文化资本理论发展的主导趋势，即在突出文化资本"文化性"核心元素的同时，注重文化资本活动价值的生成与增长。既考虑文化资本的本元意义，又强调这种本元价值物化的重要性。这种无形与有形文化资本的转换理念，对成人学习行为内涵的变革有着承启意义，不仅使成人学习目标、学习动机、学习兴趣与学习意志的内涵得以不断完善，更促使成人学习行为内蕴更为深厚，即由为了生存而学的简单行为因果转变为彰显社会进步的复合行为内蕴。

要引起成人学习行为内涵的变革，应在思想认知上为成人学习指引方向。其核心是以成人学习思维的转变提高学习行为层次、以成人学习心态的调整修正学习行为方向、以成人学习心智的开启推进学习行为发展。总而言之，不仅要求成人在漫长的人生发展过程中，树立起学习就要有收获的行为意识，明确学习就要能成才的行为目标，形成学习就要提高修养的行为操守；也要求成人以敢为人先、勇于担当的魄力与胆识，将自我学习过程中所遇到的动力不足、认识不清、行为意志不坚等问题进行深刻反省与及时校正。在迭次反思与反复修正的过程中，深化学习行为与从业意识的关系认识，把握现时学习与未来发展的行为转化节点，在推进

文化意义和文化价值互动中,最大限度地实现自我生存、发展、创造,进而为成人学习行为注入鲜活的时代性特质。

（二）"文化能量与文化修养互动"有利于成人学习行为的外延创新

文化能量与文化修养互动是文化资本理论发展的又一前沿。它倡导成人要将占有的文化知识、经验、技能等文化性资本,内化成为巨大的文化能量,并通过整个文化资本的运作实践,将其转化为自身的文化修养。就是要在文化资本理论的视域下实现从聚效储能到明德修身的跨越。这种互动也是成人学习行为外延重构过程中文化能量与文化修养的相应,对于成人学习行为外延边界的明确、关联的厘清、架构的重组,均产生深远的影响。它以其文化魅力影响着成人学习行为外延的体系构架、运行推进,使成人在学习中能够大心容物、潜心观理、定心应变。

成人学习行为外延变化主要表现为在崇尚真理、追求真知、践行真实的过程中,促使成人学习行为由"跟着感觉走"变迁为"与社会相连、与市场相结、与职业相对、与他人相倚"的行为体系,包括自主学习行为、社会学习行为、学校学习行为、网络学习行为等。在拓宽成人学习行为外延的同时,更不忘将提高思想意识、提升职业道德的要求贯通其中,不断寻求学习动机、学习需求、学习效果的三者统一,把坚持才有高度、坚守才有广度、坚韧才有强度的学习精神,融入自我"文化能量与文化修养互动"之中,进而实现成人自身价值。

（三）"多元文化与多极文化互动"有利于成人学习行为的取向创新

文化资本理论认为,多极文化与多元文化的互动是发展的最终目的,文化资本的不断流动和循环是其永葆活态存在和动态更新的关键。细而言之,文化资本既可以纵向从一个时代传递到另一个时代,形成继往开来的多极文化体系;又可以在同一时代的不同范围与场域内横向传播,生成多样表现形式的多元性文化。这种文化形态纵横交织,共同作用于社会的方方面面,必然也对成人学习行为取向带来更大挑战。其中,关于如何对成人学习行为取向进行现代意义的诠释,如何使成人学习行为取向更符合社会发展趋势,如何将成人学习行为孕化为特色文化行为等问题的阐释,都是多元文化与多极文化互动的应有之义。

在成人学习行为取向变更的过程中,学会做人、学会做事、学会做学问应是关键所在。这就要求成人在学习中,要以"读书先正人、学艺先正心"为基本行为取向,从而实现自我学习行为由单一性的提高职业技能,向提升综合素养的复合性学习行为升华。同时，它还强调成人学习不仅要与现实需求相适应，更要与未来发展相关联，明确学习行为不仅是立身之本，更是发展之道。因此，成人在学习期间，既要掌握某种职业或某个行业的必要技能，还要领悟"如何与社会、集体、他人"相和谐的做人道理，传承中华文明的"守愚、守让、守谦"的做事之德。当然，更要在学会做人、做事、做学问的过程中，彰显"成人为本、教育唯真"的时代精神，敦促自己在学习过程中，以"坚定不移的学习信仰、坚韧不拔的学习意志、坚决果毅的学习行为"为指向，把以往的读书、助学、考试的被动学习行为，升华为求索、求实、求真的自觉学习行动，从而展现成人"面向社会、勇于竞争、展示个性、开创未来"的学习风范。

第三节　当代成人"乐学"心理的生成与嬗变

博览古今，乐学心理的形成与嬗变始终是我国成人学习的引领话语，其中乐学理念与苦学意识的洽合、碰撞乃至冲突，不仅彰显出成人学习本质的文脉绵长，更折射出当代成人学习社会属性的蕴深韵远。本节试图从成人"乐学"心理与"苦学"意识的关系切入，在探究两者之间的缘起、个性、关联的同时，着力使成人学习心理从"学海无涯苦作舟"的自由，聚化为"学海无涯乐为帆"的自在。国际成人教育《贝伦行动框架》的全球风行，促发了社会与学界关于当代成人学习心理问题的崇论吰议。争议的焦点就是传统"学海无涯苦作舟"的学习认识，是否仍是当代成人学习心理的主旨宏略？是否还是当代成人学习心理的规圆矩方？尽管问题的回应仁智各异，但当代成人学习作为我国学习型社会和终身教育体系建设的基础与推力，如何从传统"苦学"认识中绽放"乐学"芳菲，如何让"乐学"成为当代成人学习最为鲜活的精神活力，当是不断展开的社会主义文化强国建设带给人们的时代命题。

一、当代成人"乐学"心理形成的历史钩沉

我国乐学理念之缘起可谓文脉绵长，从此意义上，当代成人学习乐学心理的形成应是中国传统乐学理念的赓继。因而，有必要在对中国传统乐学理念梳理的基础上，廓清当代成人学习心理的蕴义更始。

（一）当代成人乐学心理的文长蕴远

春秋战国时期，我国"乐学"理念业已萌芽，先秦诸子关于"乐学"有着真知灼见。其中，孔子《论语》是中国"乐学"理念的肇基，所论述的"学而时习之，不亦说乎""知之者不如好之者，好之者不如乐之者""敏而好学，不耻下问"等箴言，道尽了"乐学"真谛。孟子对"乐学"也有独特认知。《孟子七篇》提出："万物皆备于我矣。反身而诚，乐莫大焉。"这是一种生活的快乐，更是学习的快乐。庄子也提出"古之得道者，穷亦乐，通亦乐，穷通为寒暑风雨之序"。后世的各朝各代对"乐学"的认识又有发展，如宋代苏轼认为，"天下之乐无穷，而以适意为悦"；明代洪应明在《菜根谭》中说"达士以心拂处为乐，终为苦心换得乐来"；《朱子家训》也得出"国课早完，即囊橐无余，自得至乐"的论断。从此"乐学"与"苦学"相形相长，不仅共同揭示出"乐学"理念的文情义涵，更由此孕化出当代成人乐学心理的生态之源。

这种"乐学心理"以"苦为乐之本"为文心。倡导当代成人在学习过程中，要将传统"学以苦为径"的学习认识向现代"学以乐为境"的学习心态变迁。在结合自我的学习目标、学习需求、学习行为等学习实际的前提下，既要传承"学而不厌、锲而不舍、读书破万卷"的苦学精神，又要树立"学而时习之，不亦乐乎"的学习情操。鼓励当代成人从苦学中寻到快乐、品味快乐、收获快乐，进而在更高层次上把握"悟苦海为乐境"的哲学寓意。这种"乐学心理"，以"乐为苦之魂"为文韵。强调在传统学习理念与现代学习思想的对撞与融洽中，大力宣化与延展"以苦为乐、先苦后乐"的学风，要求当代成人不仅要有"囊萤映雪、凿壁偷光、悬梁刺股"的学习态度，更要在"知之者不如好之者，好之者不如乐之者"的情境中索隐"梅花香自苦寒来"的文化韵味，去深度领略苦与乐的辩证关系，从而使"乐者苦之所倚，苦者乐之所系"的哲义，成为当代成人学习的心理基石。

（二）当代成人乐学心理的文长韵远

细检我国古代成人求学之路，不难发现"苦为乐之形、乐为苦之本"乃求学之真谛，从某种视阈上可以断言"苦乐相形"之思辨，当是传统成人乐学心理得以萌芽与成长的温床，"悬梁刺股"的苦学，让人感受到昂然自强的快意；"韦编三绝"的苦读，让人们感悟到业精于勤的快悦；"闻鸡起舞"的苦行，更让人感怀到砥志报国的快蕴。这些史实也表明，人们在倡导苦学精神的同时，更注重乐学心理的育化，从而把成人乐学心理从教育认识变迁为文化元素。以古征今"苦乐相依与苦乐相倚"应是当代成人学习心理个性的时代观照。"苦乐相依"是当代成人乐学心理奠基之石。古代哲学显示,苦乐相依乃成人学习之大道,苦与乐相互依存,相互转化,一道贯通于成人学习的全过程。从认识论意义上而言,学习的本质就是苦学,然而这种苦学又非普通意义上的苦,而是在一个勤砺苦磨的反复过程中,身感神受到乐的情境与文心。从古人的"宝剑锋从磨砺出,梅花香自苦寒来",到现代谢觉哉的"快乐是从艰苦之中来的";从泰戈尔的"只有含辛茹苦,才能获得真正的欢乐",到阿奎那的"最伟大的快乐存在于对真理的沉思之中",无不辉映着这种哲理的旖旎光芒。而当代成人乐学心理的生成,正是这种"苦乐相倚"理念渲染与博弈的过程。

(三)当代成人乐学心理的文深义重

我国"乐学"理念萌动之初,就对我国文化发展和成人学习带来了弥山亘野的影响,使"以生为本"学习理念基义,"以乐为实"学习心态肇基,"以文为境"学习行为肇基,成为传统成人学习心理的圭璧。其中,孔子关于"知之者不如好之者,好之者不如乐之者"的见地,元代吴澄关于"知之必好,好之必乐"的论述,明代方孝孺提出的"自古奇人伟士,不屈折于忧患,则不足以成其学"的观点,清代左宗棠"古之读书修身,卓然有所表现者,无不从艰难困苦中练出"的论点,更是对在传统成人乐学心理的犀燃烛照。这些乐学理念的彰明昭著,对当代成人乐学心理的塑型更有茹古涵今的效果。这些"乐学"理念,有益于当代成人学习心理的转型。"乐学"理念能激化当代成人学习心理的潜移默化,将曾有的"为了生存而苦学"的被动学习心态,向"苦学是成功之母"的主动学习心路转型,从而在"学会做人、学会做事、学会做学问"的情境中,将陈旧的为学而学狭义心境,翊化为乐学做人之宏旨,乐学做事之阔论,乐学做学问之弘章,去收获学习的欢乐。乐学理念还有益于当代成人学习心理的阔宕。乐学理念既是对传统成人学习八股化的偏执学习心念的颠覆,又是对现代成人学习亦步亦趋学习心由的破解。所主张的"乐以向学"的学习情性,"乐以茂学"的学习态度,"乐以治学"的学习意识,"乐以思学"的学习评价,不仅将当代成人学习心理张扬极致,更促使成人在传统学习意识与现代学习认知的纵横之间,将既往狭隘性与片面性的学习心理,向开放性与多维性的学习心智转进。

二、当代成人"乐学"心理发展的现实困惑

当代成人学习作为一种广泛的社会化实践行为,不但会有快乐,也会有痛苦与困惑。

(一)当代成人"何为苦乐"的学习信念困惑

在当代成人学习过程中,传统学习心理惯性仍有着不可小觑的影响,以致当代成人难以把握好乐学与苦学的辩证关系,特别是对苦学与乐学的本质联系的理解还存在差异。一些人以偏概全地认识"以苦为乐"的韵义,有意或无意地把"寻章索句、死记硬背"作为学习心态要义;而又有一些人,则把"随着兴趣学,跟着感觉走"作为自己的学习心理起点。从表义上看,这两种学习心理都有可取之处,但从实质上看,这两种学习认识都是对成人学习"何为苦乐"心境的曲解和误读。从结果上看,这两种学习心理都必然导致当代成人学习信念的困惑。成人学习实践表明,厘清"学以活为魂"和"学以用为根"的边界与关联,是把握"乐学与苦学"辩证关系的基线。其一,活学的过程是一个由分散到整合、由共性到个性的学习心理开合过程。整个学习心理运行过程中,须将日常所看、所学、所思、所感、所悟进行通盘调配。这个豁然贯通的心理过程复杂而艰辛,成人学习过程中所有的苦雨凄风都渗入这一"盘活"过程中。其二,学用乃当代成人学习根植之所,学的目的是用,而不是满足某种兴趣爱好,与其随着兴趣学,不如对现时学习感兴趣,应是成人学习心理的现实导引。因而,这种学用过程不仅是当代成人学习知行合一的过程,同样也是一个从苦到乐心理角色的跨越过程。

(二)当代成人"苦在哪里"的学习认知迷惘

当代成人在学习过程中肯下苦功、勤于苦学的人不在少数,他们的苦学精神与苦学行为被社会与他人称赞有加。然而令人惋惜的是,并不是所有苦学者都能最终成功。究其因果,对苦学属性认识偏颇,对苦学要点掌握失准当是主要诱因。有人面对知识经济下的学山知海,由心而感自我知识的贫乏,产生了这也要学、那也要学的学习诉求,以博览五车的气势苦学冥思,猛啃死读。尽管这种苦学意志值得肯定,但学习付出与学习收效却呈悖向反映。这些状况深刻表明,苦学之真谛在于,具有以苦而乐的学习精神只是认知基础,而寻获苦有所值、苦有所归的学习方法则是关

键所在。

（三）当代成人"乐在何方"的学习意识疑难

同样，当代成人在学习过程中，持乐天学习态度者也不乏其人。一些人随心所欲地把严肃学习与随意娱乐等同起来，想学什么就学什么，想怎样学就怎样学。于是，关注社会热点问题，读流行一时的畅销书，甚至热衷于所谓的网络知识，就成为一些人学习的主要形式，以致穿梭于各种培训之间，游走在各类学习之中的乐学者大有人在。与此相反，一些人则把个人以往学习经验作为主要心理依据，排斥甚至拒绝汲取新的思维与认知元素，他们受既往经验的羁绊，也无法容忍不同学习观点的争议，认为乐学就是以过去成功经验去覆盖现实的学习过程。由是我行我素、自我陶醉、甚至自我闭锁的乐学者也小有市场。此类盲目乐观学习行为的产生，其焦点是当代成人对"乐在哪里"学习命题认知的失据。要解决乐学疑难，"五学同心"是必由之路。它以"学而有疑、学而有思、学而有渐、学而有新、学而有成"为成人学习之心路，昭扬孔子"学而不思则罔，思而不学则殆"，朱子"不求诸心，故缗而无得。不习其事，故危而不安"等学习认知，同时又将成人学习心理的推进与转化过程演示得风清月朗，从而向世人宣谕，当代成人学习应"乐在有疑、乐在有渐、乐在有成"，进而才能"乐在心头，喜在眉梢"。

三、当代成人"乐学"心理嬗变的未来趋势

风谲云诡与竞争激烈的社会现实，对当代成人学习提出了新要求。这种新要求既是对当代成人现实学习实效的关注，更是对成人学习心理未来嬗变趋势的引领。

（一）以"乐在心灵"为学习之心路

以"乐在心灵"为学习之心路，应是当代成人学习心理嬗变的哲学起点。这种学习心路显扬当代成人学习心性和学习性情的变迁，引导成人认识表形之苦与心灵之乐学习意向的矛盾关系，强调苦乐之辨，重在心灵，苦乐之义，只由心生；认定只有心灵之乐，才乐得感悟，乐得深邃。这种学习心路的营造，有利于人们摒弃迷茫与动摇、浮夸与躁动、怯懦与屈服的学习意识，以坚定不移的信念、坚韧不拔的意志、坚决果敢的信心，去重构学习目标，重整学习理念，重饬学习方法，重塑学习行为，使"双心同

正"成为成人学习心理嬗变的桥梁。"双心同正"以心性调正和心态扭正为重心。"心性调正"既注重引示成人学习心理的成长方向，要求当代成人在学习过程中，树立起苦学修心、乐学醒心的学习意志，以求实之精神，对自我学习过程中的成败、荣辱、是非、功过进行深刻反省，以学习唯真的胆气，摒弃以往学习心理发展中的种种阻碍，将学习心性决然转入乐学大道上来。而"心态扭正"则强调成人学习心态的良性调理，希求成人以苦学有岸、乐学无疆的学习认同，把"吃他人不吃之苦、做他人不做之事，容他人不容之物"的学品，锐化为乐在心灵之心态，让心灵成为展示自我学习价值的第一窗口，让心地成为支撑自我学习行为的第一动力，让心田成为评价自我学习成效的第一标准。

（二）以"乐在久远"为学习之心智

就当代成人学习心理变迁而言，培育"乐在久远"之心智当是行进空间。此心智生成于成人学习实践，以构划长乐久安学习心理为变迁起点，以构建乐学敬业学习心音为变迁落点，以求在现实苦学与未来快乐的冲折中，在现实学习与未来发展的谐契中，让成人深切明达现时良好学习心理的营造。由此，培育当代成人掌控苦学与乐学平衡与转换的眼光和能力。从发展上来看"双学齐驱"才是孕育乐在久远学习心智的实践支撑。所谓"双学齐驱"，一方面主张成人要以学而安身为原点，细检现时所学知识的库存总量，主动运用收集整理、总结归纳的思维，把所掌握的各类专业知识、社会知识、实践知识进行重新融汇，倾力孕化为自我安身立命的技能因子，并在这一学识孕化过程中，享受到自我学习心理转变的气定神安乐义。另一方面，倡导成人要以学而乐业为空间，以掌握现代社会自我发展必备学识技能为目标，在专业或技能学习中，以敢为人先的胆识，独品掌握现代社会发展学识之苦涩，备尝学习现代社会发展技能之艰辛。在这种苦涩与艰辛的契合中，完善自我未来发展的要素，寻到今后自我发展的门径，并在有效提升自我发展能力的过程中，品尝玉汝于成的快悦。

（三）以"乐在团队"为学习之心境

"独乐乐不如众乐乐"当是成人学习心理嬗变的最高境界。"团队之乐方为本心"是其表象，"后天下之乐而乐"是其印鉴。这种学习心境，是强调乐学并非个人之乐，追崇"以吾之乐促众人之乐"或"以己之苦换他人之乐"的学习心志，着力塑造成人风雨同行执手共进的团队学习情结。同时，这种学习心境还发散出乐学向善的文化之光，用自己的学识与心得,去引燃团队的学习激情,去照亮团队的学习道路。同时,彰显"双气同扬"的学习心态,是乐在团队学习心境育化必由之路。"双气同扬"诉求当代成人在学习心理的变迁中,既要以敢为人先的气势、高瞻远瞩的眼光、奋勉灵敏的思维,对传统学习心性进行优化,以期为成人学习心理的变易构建新的语境。又要舍弃学习心理变化中的计铢较锱的"小心思",退却负气争强的"小心眼",屏蔽明争暗斗的"小心性",抓住学习心理转型中的主要矛盾和矛盾的主要方面,针对学习心理转化的缺失与疏漏,进行补苴罅漏,让"同声相应、同乐相庆"的学习心境,成为当代成人学习心理嬗变的旌帜。

第四节　成人转化学习与社会培训改革

关于社会培训改革问题,正成为一个全社会高度关注的焦点问题,政府在培训政策、项目、资源等方面做了大量务实性工作,相关高校和学术界也对这个问题进行了针对性的探索与研究。在政府、高校、学术界的洽合之间,不仅凸显出社会培训发展的迫切性问题,还突出了成人转化学习与社会培训发展的关系问题。在此意义上,我们有必要从理论与实践的层面上,对成人转化学习与社会培训发展之间的相互促进、相互浸润的辩证关系进行必然性探索,以期为我国社会培训改革发展寻到新动能。就社会培训而言,其本质是一种成人转化学习活动。在成人转化学习活动过程中,有关社会培训的认识、取向、行为是基础,培训的目标、模式、机制是核心,培训的顶层设计、发展战略、主导路径则是关键。而成人转化学习理论的引入,尤其是美国学者雪伦·B·梅里安关于成人转化学习是"研究学习活动的第三条路线"的论点,将为社会培训的理性发展,提供具有导引意义的借鉴与活力。

一、成人转化学习内涵与社会培训变迁

美国学者雪伦·B·梅里安观念的引入对我国社会培训发展产生了重大影响。

(一)成人转化学习目的与社会培训认识变迁

麦基罗认为,"成人转化学习是指学习者对一系列假设和愿景等疑惑

未决的参照系（frames of reference）进行变革的学习，其目的是使它们变得更具有包容性、鉴别力、开放性、反思性以及在情感上更容易变通"。①言下之意，成人转化学习的目的就是要实现人的"认知结构变更或修正"，是用一个发展得更好的或更成熟的观点或心理定式，取代原有观点或心理定式的过程。显然，这个观点对我国社会培训发展的认识变迁大有裨益。在一个长时期内，人们有意无意间，总是把校园长培训当作一种工具性学习来看待，只是一项学会管理和控制环境与他人，以任务为导向的解决问题方式的学习，以提高岗位基本知识和职业技能，提升工作效率与工作效果为基本要求，普遍认为这是一种"对症医疗"的学习过程。而成人转化学习目的却促使人们在终身学习的视野下，对社会培训的蕴涵进行再认识，开始意识到它的实质是一种学习角色的转化过程，包括学习者的学习社会角色与学习心理角色的转化。

从学习社会角色转化上看，成人转化学习目的使人们认识到，社会培训不仅是一种强化参训者社会地位、专业身份，带有明显的功利期望的学习，更是要通过培训让所有参训者对自身社会角色所承担的社会责任更为清晰明了，知道自己"必须做什么""应该怎么做"和"怎么做"，并由此发现自己在思维、能力、行为等方面，与角色规范要求还存在哪些"角色距离"。

从学习心理角色转化上看，成人转化学习目的又让人们认识到社会培训不只是一种满足自我发展心理需求的学习过程，更是一种促进学习心理角色转化的"激素"，它驱动着参训者的学习心理从需求性学习心理向必要性学习心理、从机械性学习心理向主动性学习心理、从阶段性学习心理向长期性学习心理转化，进而把自己从被动者、消极者甚至是功利者的学习心理角色中解脱出来，成为一个拥有自主学习心理、探索学习心理和终身学习心理的学习者。

（二）成人转化学习功能与社会培训方式变迁

成人转化学习理论认为，成人转化学习的基本功能在于，它能使学习者从真实的困难境遇中，尤其是从遭遇挫折的低谷中、蒙受失败的逆境中和面临磨难的困境中汲取教训、总结经验、探获真知，促进自身不断成长与持续发展。从哲学意义上说，这个成人转化学习功能的观点，其实是在倡导一种自主性学习理念，它主张学习者要正确认知自己的知识、能力等

---

① 刘奉越，杨智裕．基于专业发展的职业教育教师转化学习[J]．职教论坛，2012（34）．

缺陷,根据自我学习能力、学习动机等要求,积极主动地调整学习策略和努力程度,自主学习知识、技能和能力等。

沟通式培训将成为常态方式,它要求在培训过程中,每一个参训者都应当关注自我与社会、与他人、与职业之间的交流与互动,主动把自我学习情感、意志、目标、取向、信念等,与社会发展、经济繁荣、科学进步、文化建设、教育创新等紧密联系起来,形成一种在今后工作中能与上下级、相关部门,尤其是社会方方面面进行各种不同层次沟通的能力。

与之相适应,反馈式培训将成为重要方式。它主张在参训者整体能力结构的基础上,设计相应的课程和活动,借助参与式观察、心理测验、360°访谈等多种形式,从以往的单向获取知识变成双向互动,实现对参训者个性和能力特点的准确把握,并通过一对一的个人反馈,帮助参训者剖析自我,矫正行为,实现自我成长。这不仅对于参训者的自我认知、自我工作角色定位有帮助,更为自我后续性的学习与工作实践,提供多角度思考与解决实际问题的能力。

（三）成人转化学习过程与社会培训行为变迁

成人转化学习理论认为,成人转化学习是一种个体在学习中的改变,而各种学习发生的核心均在于解决问题,每一问题解决的历程都受到个体意义观点的影响,是一种反思的过程。就社会实践意义而言,这种"反思学习"理念的引入,对培训实践的展开,已衍化为引领社会培训行为变迁的导向。

一是引领培训行为变迁为参训者自我认识和改变的行为。反思学习理念使人们认识到,社会培训就是一种促进参训者对以往学习或工作经历进行深刻反思的时效行为,只有促进参训者对自我经历的深层反思,才能升华为经验知识。因此,有必要为参训者设置多样性的反思学习情境,让他们从无意识到有意识,从有意识到潜意识和下意识的过程中,完成对自我认知、自我理解、自我学习、自我行动、自我习惯的形成过程的反思,进而转变思想、行为和性格。

二是引领培训行为变迁为参训者培养良好思维模式的行为。反思学习理念还使人们意识到,培训本身就是一种以集体认知打破个体思维定式、突破自我思维局限的有效行为。参训者在长期学习与工作过程中,受成长、教育、经验、学习等多种因素的影响,会出现这样或那样的思维局限,且呈现出不断固化的趋势。而把反思学习理念融入培训行为之中,就可以通过各种培训行为方式,有效修正参训者的思维模式和心智模型。

三是促使培训行为变迁为参训者提升解决问题能力的行为。反思学习理念又使人们感悟到,培训还是一种锻炼和提升参训者解决工作问题的实效行为。参训者面对复杂的社会工作环境,以及来自各个方面层出不穷的问题和矛盾,他们迫切需要提升一种既能找到问题发生的根源又能预防问题出现的工作能力,而反思学习理念在培训行为中的贯穿,则有利于参训者在反思中开阔视野,在思考中凝聚素质,进而形成自我分析问题与解决问题的新能力。

二、成人转化学习特征与社会培训现实问题

(一)自觉性特点与社会培训的取向问题

麦基罗认为,转化学习不是任何时候都会发生的,它只有人们处于困惑、迷惘时,只有人们开始自我觉醒并对自身所处的困境、原有意义进行质疑、追问时才能产生。[①] 显然,这里强调的自觉性对成人转化学习进行的重要意义论述,有利于人们对培训取向问题的深度思考。

一是对培训目的取向问题的思考。长时期以来,人们总是把提升专业素质作为培训的主要目的,而对参训者的思想素质、心理素质、文化素质、情感素质等涉及不多,甚至缺失。长此以往的这种状况,极易导致参训者仅将培训学习作为一种工作方式,而不是一种生活方式,只对"学管理、学理论、学专业"等传授性学习感兴趣,而对"自我反思、自我剖析、自我超越"等自觉性学习缺乏热情,甚至出现把自觉性学习当成一种额外的负担,导致校园长培训难以实现"发人深省"的目的取向。

二是对培训价值取向问题的思考。在一段时间内,人们习惯于把提升管理能力作为培训的主要价值取向,以至相关的培训大多偏重于提升参训者的领导能力、组织能力、抓大事能力、市场开拓能力、资源融合能力等方面。而对如何提升参训者的情商,包括自我情绪控制、自我意志培养、自我耐挫程度等自觉性能力的培养,尤其是对如何正确处理好诸如上下级关系、群众关系、市场关系等,却始终摆在次要或配角位置,以至培训难以显示应有的"催人觉悟"的价值取向。

---

① 蒋华,李盛聪.转化学习理论及其对我国成人远程教育的启示 [J].电化教育研究,2011(12).

（二）解放性特点与社会培训的模式问题

麦基罗认为，转化学习是一种解放的学习，即"人们可以从生存的本能、语言学的、认识的、机构的或环境的力量中解放出来，这些力量限制我们的选择与我们对生活控制的能力，但是我们视之为理所当然，或是认为是超乎人类的掌握"。① 它申明了成人转化学习的要害，就是要以解放的学习意识，去突破旧有的思维方式，改变原有的观点、信念和行动方式，形成新的观点，或者说是提升元认知能力。而这个"解放的学习"的认知，在培训领域的嵌入，则是对开放性的社会培训模式构建的诉求。

一是诉求社会培训运作机制的开放。与过去相比较而言，当下我国社会培训的教学模式已有了很大变化，但从整体上看，传统的"传道授业解惑"仍是其运行机制的基本方式，并没有形成一种以学员为中心，教师为引导的，鼓励参训者的自主性学习，针对参训者特点的针对性教学活动，以及多样性满足学员个性化学习需求的开放式的"学导结合"模式，以致不少参训者参加培训后，虽然学到了一些专业知识，汲取了一些好的经验，获得了很多信息，但他们的思维方式和行为方式并没有得到根本性改观，难以彰显校园长培训"人的资源开发"之个性。

二是诉求社会培训学习平台的开放。这里所诉求的学习平台开放，不仅仅是要构建一种现代化的网络在线学习平台，而是集学习内容开放、学习过程开放、学习空间开放为一体的社会化的开放性学习体系，与之相较，尽管现时培训也在学习情境、学习设施、学习方法的开放上做了一些务实性工作，却还是以课堂教学、参观考察、观摩示范、案例点评为主要学习平台，并没有建议参训者深度发展与其相关联的其他领域，比如：以哲学、经济学、社会学、文学、管理学和心理学为要点的学科领域，以企事业单位、科技园区、科普基地、文化中心、艺术中心、信息中心为重点的社会领域，导致极易忽视社会培训的特色。

（三）经验性特点与社会培训的导向问题

一是关于育人导向问题的思考。在既往的培训过程中，交流经验、借鉴经验、增长经验一度成为培训育人的主要导向，致使一些参训者忽视必要的工作研究与职业探索，热衷于实际工作，满足于日常事务，把一些阶

---

① 蒋华，李盛聪．转化学习理论及其对我国成人远程教育的启示[J].电化教育研究，2011（12）.

段性的工作成果,当作自我岗位工作的全部蕴义或基本要义,习惯把局部性经验当作岗位的基本规律或普适理念,使自我发展陷入"本末倒置"的窘境,导致社会培训"多能育人"的优势丧失。

二是关于社会培训导向问题的思考。上述经验主义导向的蔓延,极可能对社会培训的导向产生重大影响,加重某些办学机构放弃对社会培训目标、规律、特征、规范、质量、趋势等重大现实问题的探知,取而代之以如何扩大培训规模、提高办学效益、开展招生宣传、满足市场需求、资源集合置换等表象问题作为社会培训工作的重点,导致相关社会培训工作陷入整体失重的境地,消解社会培训"服务社会经济发展"的初衷。

三、成人转化学习发展与社会培训路径设计

（一）"多相互联"的开放化发展路径

学者达拉丝（L.A.Dabz）等人认为,麦基罗的转化学习理论是以认知—理性为中心的,它偏重个人转化学习的认知和反思过程。[1]这就意味着,人们开始从社会的范畴思考成人转化学习理论存在与发展的价值与意义,当然,这种从个人跨向社会的理论视阈,促使人们对社会培训的开放化发展路径进行多方位的思考与设计。其中,关于如何畅通"多相互联"开放化发展路径的问题最令人瞩目。

一是以加强"培训机构与政府部门的互联"为核心。社会培训要主动向政府对口职能部门汇报培训工作的发展情况,全面系统地宣传校园长培训的"修身、务实、开拓、创新"基本理念,以及"服务、协作、和谐"的培训意识,使相关政府职能部门对校园长培训重要性的认识不断深化与提高。培训还要大力拓宽各种联系渠道,让更多的政府部门、管理机构和行政人员加入社会培训教育活动之中,进一步提升培训在政府部门中的知名度。同时,社会培训还要积极参与当地政府职能部门举办的各种活动,利用一切机会争取相关职能部门的多方支持,使更多的政府行政机构和部门认识培训、关注培训、支持培训。

二是以加强"培训机构与行业单位的互联"为关节。社会培训还要进一步加强与行业的互动与交流,把以机构性的培训自觉转化为社会、区域、行业共同的社会行为,创建与之合作研讨、共同发展的长效机制,从根本上改变既往培训的狭隘性与闭锁性倾向,使之蜕变为一个既符合社会

---

[1]　蒋华,李盛聪.转化学习理论及其对我国成人远程教育的启示[J].电化教育研究,2011（12）.

发展要求的教育服务阵地，又满足参训者事业发展实际需求的人才开发园地。

三是以加强"培训机构与社会机构的互联"为辅佐。社会培训要主动打破以往人才培训的区域性与行业性的局限和部门条块分割的界限，以"机构联合""社企协作""社研结合"等互联方式，建立多样化的社会培训协作基地，搭建起多层性的社会合作平台，建立多规格的社会培训工作研究会，突出社会培训发展的整体性。

（二）"多元推进"的内涵化发展路径

达克斯（I.M.Dirks）等人认为，转化学习不一定要通过理性批判，或语言文字沟通等方式，转化学习也可以借超理性的过程（extrarational process），如想象、默想等方式让学习者发现深居的自我与内心世界的意义。[①] 这就表明，从人的内在动力来探求成人转化学习发展的动力问题，已开始进入学术界研究的视阈之中。诚然，这也必然引起了人们对社会培训内涵化发展的反思，而"多元共进"的内涵化发展路径则成为关注要点。

一是要推进培训制度建设。它要求以个性化的制度建设为抓手，不仅要进一步健全与完善已有的内部管理制度，更好地在与培训、人事、财政等相关部门明确责任、密切配合、形成合力上进行有益探索，实现"以一流管理创造一流效率"的管理目的，更为重要的是把对社会培训发展规划进行顶架设计与底层设置，作为全面实现教育培训内涵发展的现实指南，并在不断试验与实践发展的过程中，将取得的好经验、好成果、好思维，进行理论提炼，进而以新制度建设的方式加以固化，成为社会培训发展的新规范。

二是要推进培训队伍建设。它要求进一步加强"多能型"培训师资队伍建设和管理团队建设，各级教育行政部门和培训机构要通过校本培训、网络培训、社会培训、移动培训、订单培训等方式，营建一种动态培养与随机增补的师资培训的长效机制，构建一支结构合理、水平一流、域内外相沟通、专兼职相结合的优质培训工作者队伍，为社会培训发展提供人才保障。

三是要推进培训科研建设。它要求明确理论研究在社会培训发展中的战略作用，通过明确培训主题，辐射推广基地研究项目，建立研训合作伙伴关系，倡导培训者、参训者以及全社会教育人士，共同对相关的岗位

① 蒋华，李盛聪.转化学习理论及其对我国成人远程教育的启示[J].电化教育研究，2011（12）.

职能、市场开拓、质量保障、资源聚合等重大现实问题进行有益的探索与研讨,为推进培训规划由预设性向现实性转变,培训内容由同步性向前瞻性转换,培训形式由传授性向开放性的转化提供认知支持,使研中有训、训中有研、训研互动,成为推进社会培训发展的重要内力。

（三）"多资互通"的社会化发展路径

泰勒认为,主流的麦基罗理论很少考虑人与人之间的关系和社会变化在转化经验中的作用,转化学习的目标不应是强调个人转化而是突出解放的转化（整体的）,即强调个体变化还是社会变化。[①] 这即表明,从社会发展的视角研究成人转化学习,将成为社会和学术界探索的重要命题。这在某种意义上证明,建立"多资互通"社会化发展路径,当是社会培训发展的重要环节。

一是实现"现有资源"的互通。要求对现有的培训资源进行全面统筹,厘清现有培训资源的主体结构与格局分布、层次形式与基本来源、融合过程与投入行为等,实现对政府投入的各种培训资源进行再配置,对现有的教研资源、课程资源、专家资源和参训者相关资源的有机整合,体现培训资源社会化的主体形象。

二是实现"市场资源"的互通。要求通过广泛宣传呼吁,寻求社会全方位的高度关注与大力支持。通过对社会经济发展最新前沿的成果与翔实数据的梳理,制定可行性的市场资源的激活机制与融合方式,对科研机构、高等院校、专业人才、行业等各种市场培训资源的流向、结构和退出等进行合理构想,考量和透析市场培训资源聚合的区域与空间,提出可能性与可行性的挖掘、激活、利用的方案,通过绿色通道引入社会培训发展进程。

三是实现"网络资源"的互通。要对丰富的网络培训资源,包括网络课程资源、网络学习资源、各种文献信息（文字、图像、表格等）等,进行必要凝练与分类,进一步诊断网络资源引入与置换的可能性,并做出富有实际意义的设计与经营,彰显出培训资源的网络融合性特色。

---

① 蒋华,李盛聪.转化学习理论及其对我国成人远程教育的启示 [J].电化教育研究,2011（12）.

第四章　内涵定位是学科建设的逻辑起点

　　成人教育学科建设的内涵博大精深,在新的历史条件下既继承传统又勇于创新,深刻阐明了成人教育学科建设的本质、属性和体系架构,廓清了我国成人教育学科建设的逻辑起点。以现代的视角去解读成人教育学科建设的内涵,就是要立足于中国国情,揭示现代社会背景下成人教育学科建设的独特逻辑,破解成人教育学科建设的现实困惑与发展难题,以整体革命性变革推动成人教育学科又快又好发展。

　　内涵定位的理论分析与解释对成人教育学科建设有着根本性意义,其实质就是实现成人教育学科建设的高质量发展。具而言之,一是要坚持以人为本,以实现人的全面发展为目标,从人民群众的根本利益出发谋发展、促发展,不断满足社会主义建设事业的需要,让学科建设成果惠及全体人民。二是坚持全面发展,以学科建设为基点,全面推进社会经济、政治文化、教育科学的发展,实现学科建设与社会发展的同步。三是协调发展,统筹学科与社会、学科与政府、学科与教育、学科内部要素、学科与其他学科的发展,让内外各个方面的和谐成为学科建设的标志。四是可持续发展,发扬我国成人教育学科的现有优势,激活潜在优势,创造未来优势,既要考虑当前发展的需要,又要考虑未来发展的要求,坚持走科学发展、持续发展、生态发展的学科建设之路。

　　本章从成人教育学科的属性与定位、成人教育研究的危机与策应、成人教育期刊的困厄与嬗变等内涵要素入手,揭示成人教育学科建设的科学性与专业性,把握成人教育学科建设的逻辑起点,为现时与未来的成人教育学科建设铸新创义,并为进一步研究提供理论依据。

第一节　成人教育学科的属性与定位

　　关于成人教育学科的属性与定位,既是一个理论问题又是一个实践问题,在理论与实践的对接中,不仅彰显了成人教育学科发展的价值与意义,也揭示出成人教育学科存在的问题与困惑。因此,从现代视阈廓清成人教育学科的属性与定位,当是成人教育学科发展的应有之义。其中,寻获学科属性与定位的客观依据是前提,关注学科属性与定位的重要关系是基础,而对学科属性与定位的实践把握则是关键所在。

在国家学科分类中,成人教育学列为教育学科的二级学科,这是众所周知并为学术界所接受的事实。然而在实际运行中,无论是在学界或是业内,关于成人教育学科存在与发展的问题还存在着诸多争议,远未达成应有的共识,这直接或间接导致成人教育学科边缘化现象的产生与蔓延。尽管此现象的出现有着多因素的背景,但对于成人教育学科属性与定位缺乏必有的认识当是最为主要的因果。这也意味着,廓清成人教育学科属性与定位的客观依据,揭示成人教育学科属性与定位存在的误区,思考成人教育学科属性与定位的策略,已是成人教育学科存在与发展必须完成的首要任务。

一、成人教育学科属性与定位的客观依据

成人教育学作为研究成人的学习与教育问题的学科,其属性与定位问题取决于成人教育的本质,不仅要从理论层面上加以阐释,更要从成人教育实践的历程中寻找客观依据。

(一)成人教育的本质应然

我国学术界和业内对于成人教育本质的问题曾有过长期的讨论与争鸣,形成了不同的学说,主要有"国家职能论""社会需要论""市场服务论""人的发展论"等。尽管这些论点的侧重点有所不同,但却有一个共同点,就是承认成人教育的本质是一种国家职能行为,是一个教育范围,必须从社会发展的角度进行研究。然而,成人教育的这些本质在实践过程中并不能直接显现,需要有一个相对独立的专业化知识体系,通过特定的学科范式,从存在问题、现实表象、发展趋势的研究与探索中给予揭示。这不仅催生了成人教育学科,同时也决定了成人教育学科的属性与定位,即成人教育学科不仅具有鲜明的人文社科属性,且是实用性极强的教育科学;既涉及成人教育的上层建筑属性,又覆盖它的生产力属性;不仅要研究成人教育发展出现的种种问题与现象,还要研究国家的成人教育政策与制度,从中发现成人教育发展的规律与趋势。史实也印证,20世纪 30 年代初德国社会学家罗森斯托克(Rosenstoek)提出成人教育学

（andragogy）概念正是源于成人教育的实践，是在对成人教育现象关注与解读基础上形成的专业知识体系。尤其是近百年来，伴随着世界成人教育运动的跌宕起伏，成人教育学科的属性与定位也得到应有的明确与延伸。

细而析之，成人教育大致可分为"成人教育的科学"和"成人的教育科学"两个层面。其中，"成人教育的学科"侧重于对成人教育自身内涵与外延的研究，试图通过对成人教育的主体与体系、格局与层次、内容与方式、过程与行为、资源与参与等要素的研究，深刻揭示成人教育的本质与个性、目的与特征、功能与职能，进而形成具有鲜明特色的学科知识体系。而"成人的教育科学"则把"成人"作为主要研究对象，努力通过对"成人"的家庭与生存、学习与需求、劳动与职业、情感与认知、行为与态度等因素以及与他人、与社会、与国家、与岗位、与团队之间关系的研究与探索，形成以"成人为本"的教育理论体系。上述两个层面的叠加，就细腻刻画出成人教育学科的属性和定位。

（二）学科发展的历史定位

成人教育学从来都是教育学的重要组成部分。如果只是单向透析"成人"概念，或许可以发现"成人"概念是多学科共同作用的产物，既有社会学的元素，又有法学的加持，甚至还涉及政治学、经济学、管理学等因素的交叉。但这些并不能作为质疑成人教育学科属性与定位的依据，因为"成人"概念一旦与"教育"相结合，就蜕变为"成人教育"这样一个全新意义专属名词；"成人"概念只是其中局部而非全部，其内涵也局限于教育学意义上的学习主体或教育对象。这些可以从中国经典成人教育专著中得到印证。在《论语》中，孔子就从教育视度去阐释"成人"概念，把"若臧武仲之知，公绰之不欲，卞庄子之勇，冉求之艺，文之以礼乐，亦可以为成人矣"作为成人教育的基本纲领，不仅注重了人的年龄与社会责任的承担，更突出了人的心理与能力的成熟，尤其注重人的修养与品格的健全与完善，并相应提出了"有教无类"的教育原则，以及"诲人不倦""因材施教"的育人要求，从而勾勒出成人教育学的基本框架。宋代朱熹也在《四书章句集注》中，首次对中国古代长期积累起来的成人教育经验与理论，进行了系统化的归纳、整理、总结和改造，尤其是在成人学习的自动性、学与思、学与习、学与行、教与学等方面，提出了很多发人深思的见解，提出了"立身以立学为先，立学以读书为本"的教育主张，以及"读书之法，在循序而渐进，熟读而精思""读书有三到，谓心到，眼到，口到"等学习原则。

这不仅深刻揭示了成人与教育的内在逻辑关系,还丰满了以往关于成人学习的理论体系。

从以上经典成人教育专著的内容上看,成人教育学科是教育学不可或缺的重要组成部分。这也从中国成人教育学科的发展历史上得到印证。无论是春秋战国时期的私学教育,还是隋唐以后的书院教育,中国传统成人教育学科都是以研究与探索成人与教育(包括成人学习与教育、成人教育与社会、成人教育与文化等)之间的关系为基本实践,其代表人物无不是流传千古且举世公认的教育家,所发生的重大事件无不是中国教育史上的盛典,所取得的学术成果多是中国教育文献的经典,并由此对其他类型的教育学科(如基础教育学、高等教育学、职业教育学等)的诞生与发展产生重大影响。可以说,成人教育学是推进中国教育学科发展的主要力量。

(三)学科交叉的辩证认识

学科交叉是成人教育学科最为显著的特征,这个特征不仅没有改变或弱化成人教育学科的属性与定位,反而进一步增强和凸显了成人教育学科在学科交叉中的主体性质。换而言之,成人教育学科现有的成果都是建立在学科分工和交叉的基础上。在罗森斯托克提出"成人教育学"概念之前,成人教育学并不是一门独立的学科,总是与哲学、政治学、社会学和宗教等联系紧密。然而,随着社会经济的发展,成人教育学科分工也出现了不断细化和深化的趋势,涌现出诸多跨行业和跨范围的新研究领域,推动了成人教育学科的持续发展。与此相应,在成人教育学科分工不断深化的同时,成人教育学科与其他学科之间的交叉和融合也得到了进一步的加强与拓展,不仅拓宽了成人教育学科的研究视野和研究领域,形成新的学科生长点,更为重要的是,它与其他学科相交叉形成不同门类的分支学科,如成人教育哲学、成人教育经济学、成人教育社会学、成人教育心理学、成人教育管理学等。而学科分工的细化和分支学科的细密,既是反映成人教育学科发展水平与层次的重要标尺,更是成人教育学科属性与定位的现实彰显。

究而论之,上述状况产生的原因有二。一方面,尽管大多传统成人教育学者具有多学科的专业背景,例如,古希腊时期的苏格拉底就涉及多个学科的研究,在哲学、教育学、法学、社会学等方面都有成就;中国春秋时期的孔子、宋代的朱熹、明代的王阳明等,既是教育家又是哲学家和社会学家,但他们始终坚持以成人的学习与教育为主要研究对象,并善于从多学科视角和多学科交叉的方法去研究成人的学习和教育问题,使得关于成人的学习与教育问题的研究更具普适性与个性。另一方面,传统成人教育学科的著作,尤其是中国的成人教育经典文献,并不是单纯地阐述成人的学习与教育问题,而总是把成人的学习与教育问题与政治、社会发展联系起来,阐释成人的学习与教育问题在社会和经济、政治与法律、科学与文化发展过程中的重大作用与意义,并由此揭示成人教育的本质与规律,从而形成具有中国特色的专业话语体系。

二、成人教育学科属性与定位要关注的几个关系

由于成人教育学科与社会发展有着密切的关联,要科学认知它的属性与定位,就必须关注学科与其他事物的各种关系,尤其是要关注学科与市场、政治、文化之间的内在关系。

(一)成人教育学科与市场的关系

近些年来,随着市场化成人教育的快速发展以及学科内一些相关成人教育"如何服务市场""如何满足市场需求""如何适应市场经济"的学术研讨活动举办,业界关于成人教育学科属性与定位的问题又出现了反复。一些人据此认为,既然服务市场和满足市场需求是现阶段成人教育的主要职能与责任,那么成人教育学科的属性与定位当然要随之发生变迁,并强调这是学科对成人教育生产力属性的应然反映。与此相应,学科领域内,研究市场、分析市场、顺应市场似乎成为成人学科研究的主流,所产生的相关文献(论文与专著)汗牛充栋。甚至有人认为,成人教育学已跨越了教育学科范畴,应与"人力资源开发"学科一样,应归入经济学的架构之内。从现有史料也印证,成人教育学科与市场确有交集,例如,孔子就有"自行束脩以上,吾未尝无诲"的案例,古希腊时期的苏格拉底、阿里斯提卜、安提丰等著名学者也有收学生学费的记载。但问题的关键是,这种与市场的交集只是成人教育学者个人或群体与市场之间的来往,与成人教育学科本身并没有直接的关系,更不是作为成人教育学科的基本研究范畴或主要研究对象而存在,把市场纳入成人教育学科研究范围只是现阶段出现的新情况,且现有的相关研究也还停留在对某些市场现象的分析与归纳的表层上,远没有达到揭示成人教育与市场发展的内在规律的深度,如果借此去质疑甚至否定成人教育学科的属性与定位就显得十分偏误了。

上述误区的产生或与功利主义在业内蔓延有关。把成人教育与市场的关系作为重要研究范畴并没有问题，但如果研究的目的不是要密切成人教育与市场的关系，或揭示成人教育在市场经济条件下的发展规律，只是为了如何获得更大的市场效益，或为了在市场竞争中取得有利地位，那么，这种功利性研究注定是短视和表层的。尽管参与研究的人数众多，产生了大量的研究成果，但由于这些研究及成果只是对新时代背景下成人教育出现的新现象、新情况、新问题的分析与归纳，并不是对新时代条件下成人教育生产力属性的理论探究与实践揭示，这显然不会对现阶段成人教育学科属性与定位产生重大影响。

（二）成人教育学科与政治的关系

基于与政治的密切关系，也有人认为成人教育学科应纳入政治学的范畴，所持理由有二。一是从学科发展历史上看，举凡有成人教育学科（主要是儒学）伊始，"学科政治化"与"政治化学科"就成为中国成人教育学科发展的主要流向，教育思想总是与政治理念紧紧连接在一起，两者互为因果，在很长一个时期内，人们都把成人教育学科归于政治的范畴。另一方面，从学科经典文献上看，大多成人教育的经典文献尤其是中国，例如《大学》中就把"修身、正心、诚意、致知"等成人教育理念与"齐家、治国、平天下"等政治诉求融为一体，且从正反两端进行了逻辑推导，突显出成人教育为政治服务的上层建筑属性。

诚然，这种观点还是有一定道理，至少从某个局部对成人教育学科的上层建筑属性作了相应表述，却忽视了一个关键问题，就是成人教育学科领域内"谁为研究主体"的问题。尽管成人教育学科既研究成人学习与教育的问题与规律，又研究成人教育与政治和制度的关系问题，并形成如下逻辑关系：成人学习与教育的规律是制定相关政治制度的重要基础，而政治制度又可以使成人学习与教育的规律得以实现，并可以推动成人教育理论的发展。但其研究的主体并不是"政治"而是"成人"，是在研究成人的学习与教育问题的基础上，去探究"成人"与社会、国家、法律、制度，以及与他人、群体、团队之间的关系，并由此形成具有中国特色的学科范式，即"以学科理论促进社会政治思想发展，又以社会政治思想彰显学科发展的极其重要性"。此特色不仅可以从中国成人教育经典文献中找到充分的根据，而且在其他教育学科也普遍存在，只是成人教育学科表现尤为鲜明而已。这也意味着，既然不能因为教育学中包括教育政策和教育制度的内容，去否定其教育学科的属性，那么，也不能因为成人教育学科与政治的关系,而去否定成人教育学科的教育学科属性。

（三）成人教育学科与文化的关系

无须讳言,长时期来,在成人教育学科的现实运行中,学术界和业内只是把它作为一种单纯的专业学科,鲜有人从文化(主要是本土文化)中传承成人教育学科的优良传统,对其所获得成果和经验进行现代化改造,并由此深度阐释成人教育学科的属性与定位,使之更为鲜明与厚重。有些人总是把成人教育学科的起源限定为近代西方,生搬硬套西方成人教育学科现有的经验与成果,甚至人为地把成人教育学科与传统文化隔离开来,造成学科整体性的文化失忆。而文化对于成人教育学科的存在与发展有着不可或缺的意义,它既是成人教育学科特定的学术观、方法论、学术传统、价值理念、行业风范的产生与发展的根源,又是成人教育学科所特有的理论体系、研究范式、学术成果成形与升华的内动力。如果没有文化的沉淀与积累,成人教育学科的发展是有限的;没有文化的赓续与传承,成人教育学科的属性与定位也必定是迷惘的。

就本质而言,成人教育学科本身就是一个文化概念,成人教育学科不仅是文化发展的产物,是文化的重要组成部分,更是推进文化发展的重要动源。现有史实已证明,中国和西方成人教育学科的文化渊源都可以追溯到很早的历史时期,著名成人教育学者希尔·侯尔(C. O. Houle, 1989)就指出,古代所有伟大教师都是成人教育的教师。[1] 例如中国的孔子、孟子和荀子,古希腊时代的苏格拉底、柏拉图和亚里士多德,古罗马时代的西塞罗、欧几里得和昆体良等。尤其是孔子、孟子和荀子作为中国传统成人教育学科的开创者,他们所编纂的关于成人学习与教育的"元典性"著作,不但大致确定了中华民族文化的走向,更如德国存在主义哲学家雅斯贝尔斯在《历史的起源与目标》一书中所认为的那样,"中国的春秋战国时期为人类文化史的轴心时期",标志着中国成人教育学科已成雏形,走向独立发展之路。隋唐之后的书院教育发展,更使中国传统成人教育学科在持续吸纳、糅合与生发的进程中不断增添新质,形成了具有鲜明中国特色的成人教育文化思想体系,进一步实化与显化了成人教育学科的属性与定位。在此意义上,如果不能够深刻揭示成人教育学科与文化,尤其是与传统文化的内在联系,也就不可能科学把握现代成人教育学科的属性与定位。

[1] 何光全.成人教育学的历史 发展与对话 [J].河北大学成人教育学院学报,2012, 14 (03).

三、成人教育学科属性与定位的实践把握

从实践过程中去把握学科的属性与定位,是成人教育学科发展的应然之策,这不仅要求确立学科属性与定位的基础位置,充分发挥它的功能作用,更要求最大化地彰显其社会价值。

（一）确立成人教育学科属性与定位的基础位置

成人教育学科的存在与实践活动离不开属性与定位的支撑。成人教育学科这种"专业文化"的存在与运行不是抽象的,而是由组织机构、研究范式、学术成果、人才队伍等实体要素所组成,学科要维持这个要素体系的存在与发展,首先就必须解决好"为什么研究"的问题。这就需要以学科的属性与定位为纲领,从学科发展的本然层面切入,才能科学合理地给予应答。中外历史也证实,成人教育以及成人教育学科的发展与更替,都与学科属性与定位密不可分。如果不能正确把握学科的属性与定位,不仅使学科的各项学术活动无法正常展开,就连学科能否存在都是问题。例如中国由于成人教育的产业化和市场化的过度发展,出现了对成人教育学科属性与定位的迷惘与误读,不仅在认识上产生"成人教育学科是否有存在必要""成人教育学科还能走多远"等质疑,更在实际运行中出现了发展停滞的趋势。这从一个侧面反映出学科属性与定位的基础性作用。这也表明,成人教育学科发展的基础只能是属性与定位。这是具有唯一性的,因为只有属性与定位能为学科的各项活动提供基础性支撑,学科其他要素,包括学科组织、学科范式、学科成果都是学科属性与定位的实化结果。

要把设定科学的发展目标作为确立学科属性与定位基础地位的关键。具而言之,学科发展目标是学科属性与定位的外部表现,而学科属性定位是发展目标的内在本质。因此,学科属性与定位作为发展目标设定的起点与终点。如果离开了属性与定位的引领,学科发展目标就极易陷于方向性迷失的窘况。在此意义上,成人教育学科发展目标(无论是短期还是长期)的设立,都必须以学科属性与定位为基本依据,尤其是业内局部性或阶段性发展目标的设定,更要排除各种干扰,自觉从学科属性与定位的高度去设计发展目标,最为清晰地显明学科属性与定位的内涵与外延。与此相应,还要把学科属性与定位贯穿于发展目标的全过程与全方位,特别是在学科发展总体性或顶层性目标以及目标的多样性、反馈性、

挑战性、可考核性、可接受性等的规划与设计上,更要充分体现成人教育学科属性与定位的特殊价值与本然特色。

（二）发挥成人教育学科属性与定位的功能作用

成人教育学科作为一个综合系统,需要诸多要素的协同运作,主要包括学科属性、学科定位、学科队伍、学科范式、人才培养、学科基地(实验室、重点学科、设备等)、学科管理等,其中学科属性和定位在其中起着宏观调控的作用,主要涉及学科方向的确立、学科边界的明晰、学科发展层次设计、学科制度建设等方面,最为重要的是学科属性与学科定位的相互配合,共同决定学科其他要素的运行与发展。这种功能主要表现在两个方面。一是显性功能。在成人教育学科运行过程中,由于区域和层次发展不平衡的影响,往往有学科与社会、学科与其他学科、学科内部各要素之间出现各种矛盾与冲突,而学科属性与定位则能依照学科发展的终极目标,通过对学科边界廓清、学科范式构建、学科队伍建设等显性功能作用的发挥,有利于学科与社会的各种关系,以及学科内部各要素的协调与合作,推进学科发展目标与使命的实现与完成。二是隐性功能。此功能是成人教育学科对成人教育文化传统进行反复选择吸纳,并融入学科发展成果与经验,在学科运行实践过程之中,对学科的价值观、理想信念、思维方式、道德情感、心理氛围、行为方式的形成与确立产生决定性影响,不仅是学科规范完善、科研项目设计、学科取向选择等的内在潜能,更是成人教育学科精神凝聚和成人教育学科文化建设的底蕴。

其中,研究范式居于枢纽位置。作为成人教育学科所必须遵循的公认模式,无论业内何种研究领域内的理论假设、方法论选择、研究取向和研究结论,都是对学科属性与定位功能作用的真实性、合理性以及与其他要素之间关系的应答与张扬,并由此生成业内都必须共同接受和遵从的纲要与准则。在此意义上,学科研究活动应具有强烈的"属性"意识,不能脱开学科的属性与定位而空谈"研究",需要确立以属性与定位为主线的研究纲领,明确以属性与定位为原点的研究意识,尝试放弃以往那种没有原点与底线的惯性方式,从学科属性与定位的视角去研究和探索现代成人教育现象与问题,在本然层面上去寻找和获得学科发展的路径和话语。否则,学科的发展极易陷入"空中阁楼"的窘境。

（三）彰显学科属性与定位的社会价值

当前,我国成人教育学科发展进入了新常态阶段,面临着许多新的问题与新挑战。例如,在学术研究领域,研究范式的转变进展缓慢,项目结构失衡,低层次成果与高层次目标矛盾突出;在学科队伍领域,高层次人才缺乏,人才队伍建设滞后,业内人才分布不均,人才竞争存在较多问题;在学科资源领域,资源浪费、资源闲置、环境退化等现象普遍。尽管这些问题的出现有着多种因素的作用,但从根本上看,都与成人教育学科属性与定位的社会价值彰显不足有关。一方面,作为现代社会组织,成人教育学科要实现可持续发展,不仅仅涉及"成人的学习与教育",更涉及"成人与社会"的关系,包括成人与社会、成人与成人之间的互动和相互关系的调整,以及有关成人之本性、成人之价值等最为基础的问题。而对于这些问题探究与解答,恰恰是学科属性与定位价值的社会反映,且构成了学科发展的主要方面。这有必要进一步彰显成人教育学科属性与定位的社会价值。另一方面,成人教育学科所涉及的对象、场合、时间是具体的,或者说不具备更强的一般性,并且随社会背景和发展环境等要素的变化,学科所有的因素都会随之发生变化。这种动态性使学科发展成为一种以属性与定位为轴心,既包含学术关系又包含了社会意义的实践活动。因而,把学科属性与定位的社会价值作为评价学科发展的主要标准,就成为一种必然趋势。

可以说,学科属性与定位的社会价值与学科发展是一种"社会价值是学科发展的基础,学科发展是社会价值的载体"的逻辑关系,而要保持和促进这种逻辑关系,就必须在学科制度建设上下功夫。学科制度建设不仅反映了学科与社会之间以及学科内部要素之间的关系,促进成人教育学术共同体的形成,且对成人教育的学科属性与定位起着制度保障作用。在此意义上,健全与完善成人教育学科制度就显得尤为重要,包括建立完整、规范、合理、高效的现代学科管理制度;建立有利于学科科学发展、目标同一、相对平衡的学术制度体系;健全学科内部的资源与人才流动制度体系;完善学科的学习组织和学术会议制度,以及学科专业人才培养与培训制度等。进而从不同的方位体现和保障学科属性与定位的社会价值。

第二节　成人教育研究的危机与策应

近年来,我国成人教育研究在面临前所未有的发展机遇的同时,也表现出深层次危机的端倪,在机遇与危机的交织与碰撞中,凸显出"成人教育研究究竟何去何从？"的现实命题,而解读这个命题的关键是认识危机的现象与本质,寻求产生危机的社会根源。核心是调整自身的理论姿态,抓住机遇,实现与时俱进的转型发展。在这种新的境遇下,解答"挑战或危机来自哪里？如何才能应对挑战或危机？当代成人教育研究之路在何方？"等事关生存与发展的重大现实问题,应是成人教育研究刻不容缓的任务。

一、成人教育研究面临的现实危机

近年来,成人教育的变异似乎促发了成人教育理论研究热潮,有关学术期刊增刊扩版,忙得不亦乐乎,有关学术文章更是汗牛充栋,泡沫飞溅。但只要透过这种尘嚣的表象,就不难发现其中所隐含的严峻挑战和现实危机。

（一）有效性危机

当代成人教育社会化变革带来了复杂变异教育现象和社会问题,成人教育研究包括基本理论研究与实践应用性研究的阐释能力及其有效性直面巨大的挑战。一方面,从成人教育形态上看,随着教育全球化和社会化进程的加速,以及现代教育理念和网络教育技术的引进与普及,成人教育的类型与方式发生了前所未有的巨大变化,新的教育形式层出不穷,如终身教育、职业教育、证书教育、社区教育、网络教育、远程教育、休闲教育、涉外教育、合作教育、订单式教育、弱势群体教育等,不胜枚举,并由此促发成人教育传统的教育观念、教育方式、教育手段的内涵与外延不断变化与延伸,与此相联系,成人教育的教育主体、社会对象,以及社会传播和社会接受方式也随之发生大的变化。成人教育形式的变化不仅使人们直面一个五彩缤纷的成教世界,有了更多接受教育的选择和渠道,同时,也促使社会和人们对成人教育的思想意识和认知随之发生转变。这种转变又反过来推动成人教育社会化进程。另一方面,从成人教育社会实践层面上讲,多样化形态、多样化方式和多样化观念,在实践过程中必然导致成人教育与人们生活关系,以及成人教育社会功能发生重大变化。在我国成人教育发展史上,曾经历了启蒙教育、文化教育、精英教育等的不同时期,而当今正进入社会教育和大众教育时代。与过去的各个时期相比较,当今的成人教育注重以人为本超过了以物为本,注重人的素质超过注重人的学历、注重推进社会进步超过了注重满足市场需求、注重内涵建设超过注重外延扩展,以多样化、多元化的教育功能和多规格、多层次、多渠道的教育方式,适应当今社会和人们教育观念和价值观念的多样化和多元化的发展趋势。

（二）生存性危机

面对成人教育变异及社会和学术界对成人教育理论研究的质疑与诘诟,成人教育研究在发展中曾试图摆脱现实窘境,但极端化的"解套"又难免导致生存性危机。随着我国学历补偿教育任务的基本完成,传统意义上的成人教育的地位下降或被冷落,甚至被某些人主观臆断为成人教育可以休矣,面对一阵阵的"终结风、替代论",当代成人教育研究如果仍然只是面对过去的教育主体包括结构主体和主体对象进行学术研究和理论阐释,显然会让人感到陈旧与落伍,以致被人认为是否还有存在的价值,但要把现实成人教育作为研究主体和阐释对象,似乎又会因为其缺乏传统意义不被认同而充满疑虑,无奈之下,就带来了当代成人教育理论研究的两极分化,使成人教育研究又陷入新的困境。

其一,把成人教育研究向"形而上"方向转化,走上了具有纯粹学科理论研究的途径。某些学者片面地认为,成人教育作为教育科学的分支,其基本理论与基本概念应源自学科母体,教育学科的基本规律和基本范畴也应适用于成人教育,成人教育研究要摆脱由于基本理论结构和理论研究范式缺失带来的被动与困惑,有必要对教育理论进行高位嫁接或整体移植,于是乎,在成人教育理论研究中,各种理论和术语仅仅添上成人的前缀而被肆意发挥,或热衷于披上成人的外衣粉墨登场,来去匆匆,混淆视听。这种"形似神非"的理论研究,由于愈来愈远离成人教育实际,尤其是远离现阶段的成人教育实际,不但没有显示成人教育研究自身的独立性和科学品质,获得自由的发展和超然的生命力,反而成一种没有阐释对象的,无根基的研究体系。令人担忧的是,当代成人教育研究这种"外恋情结"似有蔓延趋势,一些人也愈来愈满足于成人教育学术圈内的学科碰撞和纯粹研究。然而,这种回避和远离成人教育现实,生搬硬套式的理论研究到底有多少生命力? 还能存在多久? 就不得不令世人怀疑了。

其二,把成人教育理论向"形而下"方向转化,走向成人教育理论研究实证化道路。近年来新潮迭起的各种有关成人教育的评价与批评,都愈来愈显示这种发展趋向。这种研究方向虽然在一定程度上改变了"形而上"研究空中楼阁的弊端,直接面对当前成人教育各种问题与现象进言献策，拉近了研究与实践的距离，体现了研究的务实精神。但与此同时，由于这种务实性研究只是对成人教育存在的问题、困难和矛盾进行表象性归纳、整理和简单描述，缺乏应有的理论脊骨和理论规范，又给研究本身带来了理论性弱化、科学性品质降低的痼疾，更令人遗憾的是，由于大量的文献存在着低水平重复和雷同的嫌疑，创新性与实证性意义普遍性缄默，从而使成人教育文论与成人教育评价都显得浮躁、功利、泡沫。从认识论的角度上看，理论研究的本质和特征就是对成人教育这种教育形式的价值观和思维方式进行追问，并通过这种追问为建构新的成人教育理论话语体系奠定基础与前提，而当前成人教育研究这种泛化的实证性倾向，只见树木不见森林的研究视野，正是导致成人教育研究舍本逐末现状的认识论根源，以及社会和学术界对成人教育研究及其成果不屑与漠视的现实根源，从而使成人教育研究陷入深层生存危机之中。

（三）发展性危机

在教育全球化、网络化和市场经济的社会大背景下我国成人教育出现新的动态。首先，在信息化时代，以网络教育、远程教育为代表的新兴教育，以及现代教育技术进入教育领域，并加速教育手段和教育方式的现代化、数字化、信息化，这些新型教育形式不断挤压传统成人教育的发展空间，以至有人认为传统的成人教育已然"强弩之末"。其次，教育全球化加速了我国成人教育与国际成人教育的交流、互动与接轨，新的教育理念、新的教育模式、新的教育手段进入我国成人教育领域，并开始为国内成人教育领域所接受。再次，市场经济条件下，市场需求催生了大众化与民营化成人教育的发展，这种大众化教育由于更关注市场需求、更能引起民众的关注，成为"后成人教育时代"的社会新宠。以上三个方面因素又相互作用、相互交织，构成当代我国成人教育发展的基本趋势和价值取向。

直面当今成人教育转型与功能变迁，于是成人教育研究也随之转向，转向研究更为时尚流行的教育现象和更能吸引人们和社会关注的教育问题，以求在新的历史进程中寻找新的发展路径。诚然，这种研究转向，扩大了成人教育研究领域，填实了研究成果库存，但同时也给当代成人教育研究本身形成了极大挑战，引发了社会和学术界对成人教育研究理念本质的质疑，从而使成人教育研究陷入了一个能否发展？有无必要发展的争议漩涡之中。争议主要集中在成人教育研究的边界和对成人教育研究成果评价两个方面。一方面，不少学者力图调整自己的理论姿态，试图从传统的成人教育研究领域突围出来,不再研究那些纯粹的成人教育现象和教育问题,而是扩展到研究"教育的世俗化",也许这样的越界有某些合理性,但这样的越界有无一定限度? 脱离成人教育基本理论研究,而热衷于诸如媒体信息、教育宣传、教育美学、民办学校、消费心理等的研究,在提倡理论研究"回归与进入"的今天,这样"削足适履"式的研究还能算是成人教育研究吗? 另一方面,从当前我国成人教育研究现有文献分析,称得上研究成人教育的只是少数,且罕见倾力之作和上乘之选。虽然有关成教的期刊连篇累牍,相关专业图书屡见面世,但细看下来,有一些是臆想揣测、面面俱到、东拼西凑的职称论文或政绩文章,在当前倡导科研创新和注重质的研究的时代构架下,这样的研究还能发展吗? 以上两个方面问题的轨迹叠加和重合,使我国成人教育研究发展的基础处于消解状态,发展性危机迫在眉睫。

二、成人教育研究存在与发展的现实性

面对当代成人教育研究的危机,使我们不得不思考这样一个严肃的现实问题,即成人教育研究还有继续发展的必要和可能吗? 理由和根据何在? 当然,回答是肯定的,其根本依据是成人教育研究的对象还客观存在,成人教育研究的价值还普遍存在,而成人教育研究危机可以缓解或消除。

（一）成人教育研究存在的客观性

从社会发展角度上看,成人教育是社会经济发展到一定阶段的产物,是不以人的意志为转移的客观存在,不会因政权变迁、领导人更替或人们的好恶而产生或消亡,只能随着一定历史时期内社会经济发展的变化而变化。成人教育研究是一种主观见于客观的社会认识活动,其基本功能和目标任务就是从理论与实践的层面上对成人教育现象进行认识和阐释,它的存在与发展取决于成人教育现象的存在与发展。从认识论而言,成人教育理论作为对成人教育的认识看法的理论概括,是人们在对成人教育现象的认识阐释上建立起来的,也是对动态变化的成人教育现象进行追踪认识研究过程中不断发展的。无论成人教育现象多么复杂多变和扑朔迷离,人们对成人教育的认识有多么不同,成人教育理论的基本功能与价值都应当在于:通过对成人教育的这种认识阐释,努力引导人们的成人教育行为和活动成为一种更为自由自觉的活动,更加有利于人性的丰富和人的全面自由发展,更加有利于社会的和谐文明进步,而它植根的土壤就是成人教育实践。从上述认知伸展，一旦成人教育现象和实践消失，成人教育研究就失去了研究对象，当然也就失去了存在的前提和基础。

那么当代成人教育研究存在的基础和理由真的消失了吗？不可否认，我国成人教育正处于一个转型时期，历史惯性与现实困厄交织在一起，引发深层次矛盾和社会质疑。尤其是随着学历补偿教育任务的结束和信息时代的到来，以至有人妄言，成人教育必将难以存在下去，成人教育终结或被替代只在早晚。但这只是某些人的理论预测，并非历史定论，无论国内国外，都有不少学者对这种不负责任、危言耸听的预言表示怀疑。只要我们把眼光投向社会，就可以发现事实上成人教育活动仍普遍存在，只不过在激烈的市场竞争下面临某些挑战。教育形式正走向社会化和大众化，原有的功能与结构、任务与目标正发生一定的变革，而且在某些场合下，名称也被继续教育或其他名称所替代。这种现象只意味着成人教育的与时俱进，在新时代条件下寻求适应性的生存发展。面对这种不断变化的成人教育现象，恰恰需要当代成人教育去研究其中的新情况和新问题，对此作出合乎实际的认识阐释，指导成人教育实践在推进社会和谐发展中发挥更为积极的作用。从这个意义上说，这不仅是成人教育研究存在的客观依据，也是成人教育研究进一步发展的新机遇。

（二）成人教育研究发展的可能性

成人教育研究发展又是否可能呢？如上所述，当前成人教育研究还存在着研究范式缺失、学科边界模糊、研究成果混杂、研究队伍涣散、研究动力枯竭、研究方式陈旧、研究目的功利、研究对象泛化等不尽人意之处，有些还相当严重和相当普遍，那么这些现象是否表明，当代成人教育研究发生根本性的转向，已经远离了成人教育现实，或者就根本不研究成人教育了，果真如此，成人教育发展的理由和根据就发生了问题，它的发展也就丧失了可能。但问题并非如此。

从哲学角度上看，成人教育研究面临种种危机具有相对性。危机与机遇是矛盾的统一体，两者共存于成人教育研究发展的整个过程之中，并在一定条件下相互转化，而这种转化目前正在成人教育研究领域存在与生成。例如，研究对象泛化和研究主体的模糊，确实引起社会和学术界对成人教育研究成果有效性问题的争议，但同时又表明，在成人教育多元化发展的今天，成人教育研究对象的多元和研究主体的多元是时代要求，成人教育研究"百花齐放、百家争鸣"的春天正在来临。研究的"两极"分化，尽管带来有关生存问题的讨论和某些人的诘难,但这同时又表明,成人教育研究的思想观念和理论态度,正从原初的单一型研究思维图圄中突围,由简单的搬用与嫁接转向复杂的理性与务实,也许这种转向来得太晚,显得稚嫩笨拙,但这张扬出扬弃的哲学亮色。研究边界的无限扩张,无疑带来研究发展无序和发展方向的迷失困惑,同时,这又蕴含着多学科交叉的潜力,有望为成人教育研究注入新的活力与动力。不胜枚举,也正是通过深度透析危机与机遇的相扶相倚关系,使我们透过危机的表向看到了成人教育研究要见彩虹必经风雨的机遇前景。

从价值取向上看,在当今市场经济转型和教育转轨的时代背景下,在一些人心目中,成人教育的确变成了一种产业化和快餐式的经济活动,若是这样,成人教育研究也就真没有多大的意义了,可能蜕化为经济附庸或利益工具,它的发展当然是一种可有可无的多余。然而,从本质上看,成人教育是连接传统教育与终身教育的桥梁,是推进人的全面发展和社会进步的有效手段,因为成人教育能潜移默化地引起人的知识素养、思想情感、人生态度和价值观念的深刻变化,为人的全面发展奠定精神与思想基础。同时,成人教育又是最具个性、最离不开社会经济发展的社会活动,自其诞生伊始,总是以其特有的方式,作用于人的观念信仰与心灵情感,进而关联着国民精神的重铸和社会文明的进步。因而,在社会和谐发展和人的全面发展的基点上,以发展的眼光对当代成人教育的变革与发展加以观照与解读,从而给成人教育活动以积极有益的影响,这应是当代成人教育研究的真正价值所在,在这种价值取向中,正可以获得其必然发展的更为充分的理由与根据。

三、成人教育研究发展的策应谋略

作为专业的理论研究,成人教育研究更有必要去关注和探究那些成人教育中心地带的现象,那些具有核心价值和重要意义的现象,那些来自成人教育实践的紧迫而重大的教育问题,力求对此作出符合成人教育实际和成人教育自身发展要求的理论回答,从而推动当代成人教育研究的健全发展,并由此获得生存与发展更为充分的理由和根据,那么,路在何方?

（一）由"定形"研究转向"理性"研究

长时期内,我国成人教育研究受传统研究思维影响,致力于一种面面俱到的大而全的研究,企图从成人教育所有问题与现象的全面研究中确定成人教育学术边界和整体风范,并以此为基础建立形态规范统一的理论体系。但随着我国成人教育向社会化和大众化进程加速,这种"定形"式的研究如今已陷入了有学者所说的失范与失语的两难困境之中:一方面,如果不努力构建一个以成人教育本体为核心的理论体系与科学形态,就难免导致研究范式的缺失,"定形"成为空谈。另一方面,一旦寻求将教育学科或其他学科的范畴移植过来,并用其范式阐释成人教育和进行理论构建,又难以构建起具有专业个性乃至充满无可替代意义的话语体系,"定形"又失去意义。然而,从成人教育研究发展现实看来,走出这种悖论与困境的路径就是将对成人教育的认识阐释,从"定形"研究转向"理性"研究,即把"什么是成人教育"的问题转变为"怎样理解成人教育"的问题。事实上,尚处于"总角"之年的成人教育研究面对日新月异的成人教育实践,需要以更为宽广和深刻的目光认识成人教育,即不是试图去定形或定义成人教育,对阐释对象与范围作出的"是与不是"判断,而是触及本然层面地解读成人教育:包括解读成人教育的主体构成和体系结构、解读成人教育的时空分布和层次形成、解读成人教育的内容构架和方式选择、解读成人教育存在的理由和根据、解读成人教育的意义和价值等。如果说以往的研究是独断论的、封闭性的,那么,现实的研究则是开放的、对话的,从这种理念上可以说,不同时代、不同阶段的成人教育理论,都是当时人们对成人教育的一种认识和解读,每种理论学说,如古典人文主义的成人教育理论、存在主义的成人教育理论、进步主义的成人教育理论、成人学习理论、成人发展周期理论等,都是人们从某一个方面对成人教育的解读和阐释,都可能存在某种合理性。现今我们在借鉴前人认识的基础上,同样可以对成人教育作出自己的解读和阐释,以适应和促进当代成人教育的改革与发展。

这种解读是建立在回归与进入的基础之上的,不仅在研究理念上而且在研究行为上,真正回归成人教育的学科领域,进入充满生机与活力的成人世界。在研究理念上,清除研究立场上的游离与困惑,确立成人主体意识,倡导进入成人世界开展研究。在研究行为上,面对复杂的研究环境和多样的利益诱惑,能正确选择研究方向与方式,始终坚持把成人与成人世界作为研究活动的逻辑起点以及进行深入演绎的逻辑空间,以宽广的学科视角去洞察和诠释鲜活的成人世界,以多样的研究途径去寻获和探究成人话语。果能如此,成人教育研究幸也!

（二）由"泛化"研究转向"主体"研究

"泛化"的成人教育研究往往注重对色彩缤纷的成人教育现象和表象的归纳与梳理,企盼通过尽可能多地涉及成人教育的细微末节,建立一个视野宽广、内涵丰富、外延绵长的理论体系,然后将成人教育的新现象、新问题、新矛盾纳入这个全面开花的逻辑框架中加以阐释,因此这种泛化的理论研究是比较强调全面性与表象性的,因而容易成为一种浅论。

纵观成人教育发展脉络和演进历程,尽管成人教育领域的田野枝繁叶茂,现象极其烦杂多样,但成人教育研究的使命并不仅限于简单地对这些复杂现象的收集与诠释,更不是只挑选某些自己感兴趣或社会关注的热点现象进行无度发挥、超前想象,而是要尽可能地去寻求各种各样现象或表象背后的质的因素与相互间的必然联系。唯物辩证法认为,虽然现象是本质的表现,但现象并不等于本质,现象是事物的外部联系,是易逝多变的,是个别、片面和表面的东西,特别是在社会主义市场经济体系还处于不完善的条件下,成人教育的许多现象或表象可能是一种假象或幻象,与其本质属性相悖,例如,关于教育产业化问题虽然被学术界某些人炒得火爆,但由于这并不是成人教育的本质反映,而最终归于沉寂。因而,对成人教育进行"主体"性研究,应是现阶段和今后长时期内成人教育研究的基本点和基本方向。

成人教育研究从"泛化"转向"主体",并不意味着对研究多样性和多面性的抹杀和摒弃,而是表示成人教育研究的关照与视角切入点的转变,研究的起点和落点开始从教育进入成人,真正从人本价值论的角度研究成人教育,在理论研究学科化的道路上重新发现成人,使成人教育研究不再是那种"形而上学"的,浅论性的和猜想性的判断,而是一种从成人教育本质属性和社会价值、主体功能和特性特色出发的全局性把握和根本性理解。当然,这种转变的基础是成人教育研究群体综合素质的整体提升。

（三）由"静态"研究转向"动态"研究

传统的成人教育研究,从某种意义上可以说是静态研究,它的主要功能是告诉人们:成人教育是什么? 成人教育是什么样的? 成人教育具有哪些特点和作用? 等等,而这些有关成人教育的认识和阐释,一旦形成和确认,并被纳入一定的理论体系之中,就有可能成为一种规定性和凝固性知识,乃至成为一种权威性话语。某种成人教育理论一旦自视为一种独立的知识系统，就往往变得"自恋"起来，越来越满足于在本理论系统内自话自说，追求概念、范畴、范式及知识系统本身的派生和增殖，其结果是带来了这个知识系统的封闭性。然而，成人教育本身是一个动态发展的社会系统，它与其他社会系统的关系以及系统内部的各种关系始终处于一种动态发展的状态。因此，必须从动态的视角看待和构建成人教育理论，通过这种动态的理论研究告诉人们，成人教育的存在及其本质特征都不是确定不变的，更不是某些关于成人教育的定义或理论能够完全涵盖与说明的，重要的是应通过什么角度，用一些什么方法，以及通过一些什么样的途径来理解和认识成人教育。

不可否认，以往有影响的中外成人教育理论，都有某种独特的认识与阐释方法蕴涵其中，对于这些理论成果，重要的不是从静态的层面上去接受其现成的理论成果，而是要从动态的层面去理解和把握它所蕴涵的思维方式、研究方法、阐释策略和理论智慧。对于当代成人教育研究而言，也同样不宜在静态的层面上热衷于生产某些新概念、新话语，或追求各种话语转换，而更应注重动态意义上的深入，以"多维共进"的研究生态，在研究思维、研究方式、研究方向等多个方面动态前行，着力解答"到哪里研究、如何研究和为何研究"问题，重点探究成人教育系统内部各种关系，以及与外部系统包括与社会、经济、市场、政府、学校、企事业单位等各方面关系的发展变化，从这些关系变化中发现成人教育发展的新规律、新趋势，从而高屋建瓴地解读和阐释成人教育现象与本质，力求为当代成人教育发展提供新的理论方法与行为指导。

第三节　成人教育期刊的困厄与变革

比照国内外教育期刊发展势头，成教期刊发展显得滞后而艰辛。透过滞后与艰辛的种种表现与表象，我们不仅可以发现成教期刊面临的挑战与困厄，更能感受到期刊与时俱进的脉搏和社会职能承嬗离合的炽热与躁动。由此发散，当代成人教育可持续发展的关键，应是制定符合社会潮流又彰显个性特色的嬗变之策。

一、成人教育期刊职能变迁

（一）由学术研究向文化建设变迁

长期以来,成人教育期刊的主要社会职能是为我国成人教育学术研究提供社会化平台,通过这个平台的引领与导向,使广大成教科研工作者能及时把握本学科国内外的学术发展前沿,了解最新学术成果和获得最新学术信息,促使研究者个体或团队的学术研究紧贴世界成人教育学术潮头,有效提升自身的学术研究层次和水平。虽然这项社会职能的积极发挥,在很大程度上指导和推动我国成人教育学术研究的进步,但与新的历史条件下成教期刊所承担的时代使命与社会责任相比照,则显得过于单一与狭隘,亟待变革与变迁。

在社会发展中,当代成人教育期刊作为一个统一的社会团体,社会转型必然促进成教期刊社会职能内涵与外延不断丰富和持续拓展,特别对学术研究这个核心职能的变革起着催化作用。从某种意义上说,社会职能的变迁是成教期刊对社会经济动态发展的积极回应,同时也反映了人们对成教期刊原有的运作模式和职能取向的不满,迫切要求成教期刊加速社会职能变革,实现由以往单项功能的简单叠加向功能集聚与倍增方向转化,即由以往局限与简单的学术研究职能向更为宽广与复杂的成人教育文化的汇集、建设、创新等职能方向发展。

成人教育文化是成人教育这种特殊组织对社会文化反复选择基础上的吸纳,并在吸纳过程中融入成人教育自己的意志、传统和个性的文化结构,进而生成不同一般的诸如理想化、集约化的相对稳定和批判性的文化特征。正是这些以成人教育使命、成人教育精神、成人教育制度、成人教育人文、成人教育名师文化为基本表象的特征,使成人教育期刊以文化形态对成人教育文化建设的作用与影响显得既突出又持久。由此,成人教育期刊作为文化传承与积淀的特殊平台,不仅负有引导、表象、聚合成人教育学术研究的职责,更负有梳理成人教育历史脉络、廓清未来趋势,昭示发展价值的时代使命,承担着光大优良传统、弘扬成教精神、塑造良好学风、优化层次结构、延续名师文化、萌芽与涌动文化新思潮的社会责任,为创造具有鲜活特征和自身特色的成人教育文化体系奠基与支撑。与之相适应,成教期刊在办刊实践中上必须把文化建设理念贯穿与落实在期刊工作的方方面面,在追踪与紧贴社会主义和谐社会主流文化趋势的同时,以超越的视野密切关注国内外成人教育文化建设新形势、新动态、新取向，前瞻性引导学术研究方向，把学术研究与文化建设相契合，通过选择学术成果、聚集学术成果、张扬学术成果，为成人教育文化建设提供新信息、新意识、新元素，成为当代成人教育文化建设的枢纽与沃土。

（二）由教学辅助向社会服务变迁

成教期刊另一项重要任务就是要为我国成人教育教学改革提供辅助性服务，特别是教学辅导类期刊，主要任务就是充分发挥期刊的引导和调控作用，开辟新栏目，鼓励教师和学员把教学心得、亲身体验、独到的见解等信息以各种方式传递给成教期刊；期刊收集整理后，根据教学改革的需求，分阶段分类型分栏目刊出，从两个方面引导我国成人教育教学改革方向，调动教学双方参与成人教育教学改革的积极性。一方面，通过选择刊发文章，了解学员的学习能力、兴趣、要求，因势利导培养学员良好的自我学习习惯，引导学员树立正确的学习观，明确学习目的，端正学习态度，形成刻苦钻研、积极进取的好学风。另一方面，通过对教师教学科研成果的展示与评价，加强对教师教学状态和教学能力的考评和监督，增强教师的职业责任感和使命感，提高教师参与成人教育教学的积极性，培育良好教风。这个职能的发挥固然对成人教育教学和学员学习有所裨益，但作为一个当代学术期刊仅注重一项功能，又显得过于闭锁与片面。

在社会经济动态发展中，成教期刊的每一项社会职能都是与社会经济发展要求和市场需求相联系的，通过社会、市场等平台和路径，它们之间建立起相互协调又相互制约、相互作用又相互矛盾的某种或强或弱的联系。当代成教期刊职能不能只囿圄在教学辅助方面，而应面向社会、面向市场，成为我国成人教育社会服务的重要窗口。这种社会服务主要是包括两个方面：一是孵化本学科原创性成果，不断丰富社会科学体系。把工作重心放在加速推进成人教育原创性科研工作方面，对成人的身心规律、学习特征、内在发展需要，尤其是在体现成人教育特点的成人学习动机和成人专业课程的原创性研究上下气力。通过专题约稿、征稿、开辟专栏、优先刊用等形式，扶持和鼓励广大成教工作者开展成教原创性理论研究。同时，在稿件的筛选和科研成果展示过程中，发现和培育一支成教原创性科研队伍。不断提高期刊原创性科研论文的刊发比例，使成教期刊真正成为社会科学体系创新与发展的重要高地。二是优化期刊作者群体结构，满足社会日益高涨的科研需要。以往一些成教期刊作者群体过于集中在本地区甚至本学校，直接后果就是期刊所展示的学术成果带有明显的区域性或重复性，导致一些成教期刊在质量上和社会影响上长期处于低迷状态,与成人教育学术研究社会化要求不相适应。因此,需要面向社会,对期刊作者群体结构进行深度优化,特别是要改良那些带有近亲嫌疑的群体结构,使成教期刊成为名副其实的社会团体。

(三)由成果展示向成果"超频"变迁

目前,我国成人教育学术研究领域内还存在着统筹性缺失、协调性缺乏、原创性缺位问题,在学术研究中研究范式缺失、研究成果滞后、研究队伍匮乏、研究动机功利、研究方式陈旧等现象普遍,整体上呈现为地摊式或自发式的松散态势。与之相适应,这种态势下推出的学科学术研究成果尽管数量庞大、汗牛充栋,但大多是陈述性感性认识或表述性经验总结,原创性、创造性而又能在学术界产生重大影响的实属凤毛麟角。在这种情形下,如果成人教育期刊继续把向社会展示学术成果作为主要职能的表现路径,可以断言,这种形态成果的社会展示,无疑会对成教期刊的学术影响、存在价值、社会品牌产生难以预料的负面影响。这也是为什么当代成教期刊在国内期刊分类排行榜上整体滞后的现实因果。这种状况同时也表明,当代成教期刊仅仅持有学术成果的社会展示功能是远远不够的,亟待由成果展示向成果"超频"方向变迁。

学术成果超频实质上是指期刊增效功能:即期刊功能不仅包括征稿约稿、稿件筛选、审稿校稿、出刊发行,以及对期刊发行量的追求,而应在两个方面花功夫、下气力。一方面,要致力于对现有期刊学术层次和水平的"变频",触及本然地调整期刊原有主体构成与体系结构,革新期刊以往的内容架构和层次形成,不断彰显期刊社会影响和树立优良学术品牌。另一方面,要倾力于现有学术成果的增效,注重现有学术成果的资源整合与行为推进,创新学术成果的时空分布与方式选择,疏通各种渠道和路径,及时把高质量的学术成果向上传递或极力举荐,使之能在国内外学术界更高层面上亮相,在国家重大科研成果展示领域内占有一席之地,从根子上消解社会对成人教育学术成果的认识误区。

诚然,在社会转型的强力作用下,成人教育期刊职能"变频",主要是载附在个体期刊的管理模式、运作机制、资源机制的变革上。期刊系统内个体机构的功能变迁是构架成教期刊整体功能变迁的基础,也只有成教期刊系统内整体和个体功能变迁的有机组合,才能生成社会动态发展下的成教期刊"变频"职能特色。在社会主义市场经济体制不断健全与完善的今天,期刊总体职能变迁不仅需要个体机构积极回应,而且要在统筹协调下把业界现有的资源优势、特色优势聚合起来,创新出个体所特有的增效或"变频"优势,进而由点到面,把期刊领域内不同的个体优势集合起来,经过理性的梳理、归纳、升华,转化为成人教育的整体新型增效功能。

二、成人教育期刊现实困厄

(一)竞争中的生存性困厄

就当代成教期刊而言,尽管近些年来在期刊版式设计、栏目结构、印刷质量上、发行范围上屡有新意,但在日趋激烈的市场化竞争中显现出生存性困厄却是不争的事实。这种生存性困厄主要表现为"三低三少"。"三低"即在国内教育期刊总体构架中层次低,在国内学术领域内整体评价低,在社会影响中品牌效应低。"三少"即在成教期刊总体比例上,内部资料多、公开出版发行的少;在公开出版的成教期刊上,一般性期刊多、核心类期刊少;在期刊结构上,教学辅导性的多,学术研究的少。

寻根溯源,促发当代成教期刊生存性困厄的因素有二。从实践层面上看,尽管近年来我国成人教育为推动社会经济发展做了很大贡献,但作为新兴教育的主体地位还未得到社会普遍认同,在社会、政府和学校内的地位并没有得到相应的提高,即使在教育领域,对成人教育的轻视和偏见也还随时可遇。不少人仍把成人教育当作学校和机构创收项目或普通教育的附加,是工具而非事业。对成教社会主体地位认识的偏误,必然导致对成教理论指导的漠视,在实际工作中,重效益、轻科研,重操作、轻指导的现象十分普遍。那么,业界整体对成教理论需求的疲软,必然导致成教科研的滞后和学科建设的迟缓,而作为学术研究与学科建设引领者的成教期刊,人们对它存在价值的见疑与担忧也就不难理解了。

面对成人教育变异及社会和学术界对成人教育理论研究的质疑与诘诟,成人教育期刊在发展中曾试图摆脱现实窘境,但极端化的"解套"又难免导致生存性危机。随着我国学历补偿教育任务的基本完成,传统意义上的成人教育的地位下降或被冷落,甚至被某些人主观臆断为可以休矣,面对一阵阵的"终结风、替代论",成人教育期刊如果仍然只是面对过去的教育主体包括结构主体和主体对象进行学术展示和理论张扬,显然会让人感到陈旧与落伍,以至被人认为是否还有存在的价值。但要把现实成人教育作为表象主体和阐释对象,似乎又会因为其缺乏传统理论意义或现代学术意义不被认同而充满疑虑。无奈之下,就带来了当代成人教育期刊大而全、是而非、重而复式的低端运作,使成人教育期刊又陷入新的生存困境。

（二）发展中的有效性困厄

从当代成教期刊整体上看，不仅期刊数量在不断萎缩，更令人不安的是，它作为定期出版学术刊物的有效性也越来越受到前所未有的挑战。挑战表现在：一是发展基础的有效性。科研是期刊发展的现实基础，也是社会对期刊有效性评价的基本尺度，在此意义上，某类学科科研的发展意味着某类期刊已拥有了坚实的发展基础，其有效性将得到更为广泛的社会共识与学术认同。而作为成教期刊基础的成教科研，由于在发展中始终未能完成真正意义上的学科构建任务，致使在成教学术领域内，科研与期刊缺乏同一的发展规划与学术目标，科研过程中的研究方向随意、研究形式单一、研究方法陈旧、研究成果重叠等现象屡见不鲜，遭到学术界乃至社会的普遍冷遇与非议，导致期刊发展基础的有效性问题凸显。诚然，这种科研与期刊相脱节问题主要源于成人教育科研现实困境。长时期内，我国成教科研一直处于研究队伍泛化、研究经费虚化、研究成果弱化的迷惘状态。"四多四少"现象严重，即科研机构多，人员编制少；管理人员多、科研人员少；功利论文多、科研成果少；理事成员多、专家学者少，至今尚停滞在初始层面上。唇齿相依，当下成教科研的无为与无效，必然对成教期刊发展的有效性产生决定性影响。二是发展取向的有效性。面对成人教育日新月异的变化，成人教育期刊将如何给予展示与显现？如何给予理性指导与科学阐释？例如，对于成人教育主体与形态的不断泛化，成教期刊该怎样来界定成人教育的领域或边界？又该如何来评价成人教育的社会价值与社会地位？与此相联系，成教期刊又该怎样来认知和说明成人教育的特性和功能？特别是如何解读当代成人教育"教育主体"问题。传统教育历来有一种"主体情结"，教育研究的有效性往往表现为对教育主体的完满阐释。在过去成人教育形态和教育观念都比较单一的情形下，对教育主体的确认和阐释都还比较容易达成共识。如今随着成人教育形态和教育观念的多样化，传统教育意义上的"教育主体"在相当程度上被模糊和消解了，当代成人教育期刊要在"教育主体"的意义上与社会各界达成共识显然更为困难。由此，成教期刊就难免陷入一种找不到展示与阐释对象的尴尬之中，并由此引发期刊表征范式缺失，失去期刊发展的逻辑起点以及深入表现的空间，其展示成果及刊载的理论阐释的有效性当然会受到社会各方面和学术界的诘诟与质疑。

（三）转型中的持续性困厄

直面当今社会转型与教育功能变迁,于是一些成教期刊也随之转向,转向展示与表现更为时尚流行的教育现象和更能吸引人们和社会关注的教育问题,以求在新的历史进程中寻找新的发展路径。诚然,这种期刊转向,扩大了成教期刊覆盖领域,填实了研究成果库存,但同时也给成教期刊本身形成了极大挑战,引发了社会和学术界对成人教育期刊理念本质的质疑,从而使成人教育期刊陷入了一个能否持续发展,有无必要进一步发展的争议漩涡之中,期刊转型中的持续性困厄浮现。

困厄主要集中对成人教育期刊的越界和对成人教育研究成果评价两个方面。一方面,一些成教期刊力图调整自己的理论姿态,试图从传统的成人教育领域突围出来,不再单纯展示成人教育的现象和问题,而是扩展到显示教育的世俗化。也许这样越界有某些合理性,但这样的越界有无一定限度?脱离成人教育世界,而热衷于展示诸如教育信息、教育宣传、教育美学、职业教育、民办教育、教育心理、教育经济等的研究,致使一些成人教育专业期刊变成了"教育大杂烩"。在提倡理论研究"回归与进入"的今天,这样丧失个性式的表现还能算是成人教育专业期刊吗?另一方面,从当前我国成人教育研究现有文献分析,称得上研究成人教育的只是少数,且罕见倾力之作和上乘之选。虽然有关成教期刊连篇累牍,相关成果屡见面世,但细看下来,有一些是臆想揣测,面面俱到东拼西凑的职称论文或政绩文章,在当前倡导科研创新和注重质的研究的时代构架下,这样的研究还能持续发展吗?以上两个方面问题的轨迹叠加与重合,使成人教育期刊可持续发展的基础处于消融状态,持续性危机迫在眉睫。

从哲学认知上讲,这种持续性困厄应是我国成人教育学科建设长期滞后的必然结果。我国成人教育学科自诞生时起就顶着"另类"或"边缘"的"盖头",徘徊在成人与教育之间,尽管现时我国成人教育学科已有了20余个硕士点和多个博士点,初步建构起学科组织框架,但受历史惯性与现实条件的多方制约,在学术上并没有形成"学科范式鲜明、学术边界明确"的理论体系。成人教育学科基础理论研究,在包括成人教育对象的广泛性和社会性、教育目标的多样性、人才培养的多规格性和多层次性、管理体制和融投资机制的多元性、教学形式的实用性和灵活性、教育资源调节的特殊性等成人教育的核心内涵上均缺乏系统性和个性化的原创理论体系,尚不能以学科建设的形式揭示出成人教育领域的基本矛盾和基本规律。而学科建设滞后自然难以催生一流学术成果,成教期刊也就难以规避持续乏力或后劲不足的窘境。

三、成人教育期刊变革之策

（一）以科学发展为主导

以科学发展为主导乃当代成人教育期刊变革首策。所谓科学发展是指：要在科学发展观的指导下，对期刊原有的主体构成与结构体系、时空分布与层次形成、内容架构和方式选择等最具边界与根本意义的要素进行优化整合，进而构建具有统一性学术规范和层级性分布的当代期刊体系。这种科学体系建设主要从三个方面着力：其一，优化期刊层级结构，提升中文类核心期刊在成教期刊中的比例。据不完全统计，全国各类成教期刊有 200 余种，但核心期刊寥寥无几，公开发行的也仅 40 余种，其余均为内刊或内部资料，与我国蓬勃发展的成教实践和当代成教期刊发展目标极不适应。科学发展就是首先要在成教期刊层级结构上实现突破，重点放在扩大成教中文类核心期刊的总量上，要在区域或行业成教期刊加强协作的基础上，对区域内或行业内公开发行的成教期刊进行全新包装，特别是要对办刊质量较高、期刊发行量较大、期刊覆盖面较广、社会品牌较好的期刊进行重点打造，突出办刊特色，形成精品期刊，为之选入中文类核心期刊创造有利条件。其二，调整公开期刊的栏目结构，突出期刊成人教育的学科特色，在办刊层次与刊文质量上有实质性提升，使期刊真正成为引导成人教育学科建设方向和指导成人教育实践的绿色窗口与生态平台。其三，挖掘潜力，不断扩大成教内部期刊的社会影响。通过对数量众多的成教内刊或内部资料进行评估和筛选，发现和挖掘一批有发展前途的期刊，通过整改与培育，使之成为有一定社会影响的学术期刊。一旦时机成熟，即可由各种渠道举荐申报，力争升格为公开期刊，从而增强成教期刊的整体实力。

（二）以和谐发展为主题

和谐发展是当代成教期刊发展的必须选择。这种必然不仅是期刊对发展的急切诉求，更是时代进步使然。和谐发展的核心是协作式发展，成教期刊协作式发展可实行多种模式，包括全国性协作、区域性协作和学校性协作等。其一，全国性协作，即成立全国性成教期刊协作组织，设立常设机构，制定协作章程。这对我国成教期刊总体而言，将从根本上改变以往成教期刊各自为战的状况，形成同量合力，提高成教期刊的整体竞争能力,有助于成教期刊从宏观和整体上把握我国成教发展趋势和对期刊发展统筹规划,引领成教理论研究和期刊发展潮流。对成教期刊个体而言,有利于兄弟期刊之间通过协会,开展座谈、研讨、评比等实质性协作活动,交流信息、汲取成功经验、增进情感,把握成教期刊发展进程。其二,区域性协作。区域性协作是我国成人教育期刊协作的重要方面。在 20 世纪末我国就成立了一批区域性成教期刊协作性组织和团体,但参加的期刊单位不多,组织结构相对松散,期刊间相互的沟通和协作还很不到位,实质性的协作活动很少,对成教期刊发展的作用和产生的社会影响十分有限。因此,有必要对区域性期刊协作进行健全与完善,深度思考有关区域性协作的组织结构、发展目标、行为方式等重大问题,揭示制约期刊区域性协作的困难与矛盾,使区域性协作成为期刊在全国范围内实施协作式发展战略的现实基础。其三,学校性协作。普通高校主办的成教期刊是成教期刊的社会基础,更需要通过办刊高校之间的广泛交流与互动,在互动中发现问题、在比较中找出差距。在借鉴和比较的基础上,对本校成教期刊进行全方位透析,总结经验教训,引入新的信息支撑点,注入新的思维,对学校成教期刊的办刊方向、管理体制、栏目设置、内容设计、编辑模式等关系期刊发展的关键环节进行个性化革新,使学校期刊既保持鲜明个性特征又融入全国成教期刊发展潮流之中。

(三)以创新发展为主流

创新发展是当代成教期刊发展的主流趋势。这种创新是传承性创新、扬弃式创新,实质是发扬光大两大优势。一是大力张扬期刊的科研枢纽与期刊编辑双重职能的特色优势。成教期刊与其他类型教育期刊相比具有双重特性,既是全国性、本区域或高校成人教育发展的宣传窗口,又是全国性、区域性成人教育理论研究的主要枢纽。大多成教期刊特别是普通高校主办的成教期刊,多集成人教育学科建设、成教理论研究、期刊编辑多种职能为一体,几块招牌一套人马。既是期刊编辑人员又是成教理论研究人员,还是成教学科硕博点的导师或教学科研人员,或是各类成教理论研究会常务理事。一些核心类成教期刊的理事会甚至可以说是全国成人教育科研精英的集合。以此断言,当代成教期刊创新主流必是充分彰显期刊的双重职能。即以期刊发展推动成教理论研究,以创新的成教理论研究提升期刊品牌和期刊质量,相互浸润、相得益彰,形成以科研与期刊融合互动的发展模式与运行机制。这将大大裨益于当代成教期刊与其他类型期刊和学术界进行更直接的学术对话和更有效的理论切磋。二是切实光大期刊与实践紧密关联的优良传统。当今几乎所有成教期刊都与成人教育实践有着千丝万缕的内在联系,特别是高校成人教育期刊,主编、副主编多为学校成人教育的专家型领导或学者类干部,编委均为在学术上有一定造诣的成人教育专家学者,编辑人员均为从事成人教育管理又承担编辑任务的"双面人"。期刊除了展示成教最新学术成果外,还被赋予了解成人教育发展最新趋势、收集和掌握成人教育发展最新信息、关注成人教育热点问题、追踪成人教育动态信息的职责。光大以上职责无疑是当代成教期刊创新的重要任务。因此,有必要进一步创新成教期刊与成人教育实践的关系,以全新的视角、更广阔的领域、更有效的工作,全面推进期刊与实践的协作与交流,使之真正成为指导和推动我国成人教育实践发展的窗口和基地。

第五章　学习模式构建是学科建设的关键环节

当下,我国成人教育学科建设进入挑战期,挑战主要来自对现代成人教育学科发展的迫切与迷惘,包括对成人教育学科建设价值的认知,对成人教育学科建设现状的把握,对成人教育学科建设未来的规划等。在以上三者的跨越与对接中,不仅折射出成人教育学科建设的艰辛与曲折,更凸显专业学习模式构建在成人教育学科建设过程中的极端重要性与紧迫性。

我国成人教育学科发展轨迹显明,专业学习模式构建不仅是一种高层次专业人才培养活动,更是一种文化传承、文化推进、文化创造的实践过程。而传承、推进、创造三维之间的传动,既昭示了成人教育学科专业学习模式构建的历史渊源,又指明了其未来发展的行进空间。

本章指明专业学习模式构建是成人教育学科建设的关键环节,通过对学科研究生学习、专业学习模式的基本架构、学科专业学风建设等重大问题的深入研究,明确成人教育学科专业学习模式构建的指导思想与总体目标、基本原则与功能设计,并从社会环境、学习生态、学习引导机制、学习评价机制和学习资源互补机制五个方面,对学科专业学习模式构建进行科学设计,为本书从理论走向实践提供可行路径。

第一节　建构主义桁架下的成人教育学科研究生学习

成人教育学科研究生学习本质上是一种探究性学习,研究生群体要从原有的本科化学习中真正解脱出来,不但能适应新的学习方式,而且成为意义学习的主动构建者,就有必要以建构主义知识理论为导向,在学习中把握好个体素质与课程体系、学习动机与培养标准、自主学习与导师指导、学术研究与日常学习以及专业学习与就业取向等若干关系。成人教育学科研究生教育是与社会经济发展联系最为紧密的探究性教育,创新型、实用型、个性化的人才培养目标贯穿于研究生学习的全过程,促使研究生群体的学习视野、学习方式、学习风格发生巨大变化。如何引导研究生群体适应这些变化，已然成为当前成人教育专业研究生学习亟待解决的重大现实问题。笔者基于当代成人教育学科研究生学习实践，认为"建构主义知识论"可作为成人教育学科研究生学习的指导性理论，引导研究生在学习过程中把握好若干重要关系，使之真正成为意义学习的主动构建者。

一、知识构建性理论：解读个体素质与课程体系的关系

建构主义强调：知识并非被动接受的，而是由认知主体主动构筑的，主张知识的获得在于个体创造有关世界的意义，而不是发现源于现实的意义。从这个观点推嬗，有助于成人教育学科研究生在学习中把握个体素质与课程体系的关系。

课程体系是成人教育学科研究生学习的基础和导向，在研究生学习过程和基本素质形成的过程中有着举足轻重的作用。课程设置的结构和内容不仅直接影响学习的广度和深度，还对专业基础知识结构和基本能力结构产生决定性影响。特别是在当前成人教育学科研究生群体，由于专业知识背景、个人兴趣爱好的不同而产生个体素质差异的现状下，越发突显出课程设置的重要性。就研究生整体而言，存在着强、中、弱的素质差异；就研究生个体而言，其本身还存在素质结构不均衡的问题。而科学的课程体系应能适应这两方面的差异，包容兼蓄，因人而异，使研究生个体都能从这个课程体系中获得知识营养和学习乐趣。因此，把握好研究生个体素质差异与课程体系的关系，无疑是当前成人教育学科研究生学习过程中的核心环节。

建构主义认为：学习必须建立在个体已有的知识经验基础之上，学生经验背景的异质性应成为教学的出发点；理想的学习发生于给学习者提供能够使其产生与个体相关联的问题的机会之时；强调外在的环境之序必须符合学生内在的自然之序。依据上述理论，研究生课程设置，必须既重视学科研究生培养目标的统一尺度，具有同一性；同时又注重研究生个体素质的差异性，达到两者的和谐与平衡。而在这种和谐与平衡方式中，"二元结合"与"三位一体"的模式最为理性。

"二元结合"是指：成人教育学科的理论课与实践课相结合，为那些长于在"做中学"的研究生，为实践课的感性认识与理论学习的无缝对接提供平台；基础课与专业课相结合，为非专业性的生源在掌握基础理论知识的同时，形成对专业知识的深化；公共选修课与专业选修课相结合，

意在强调每个学习者在共有知识的基础上,拓宽知识面,实现学科交叉互动,激发个体素质中的兴奋点,使个体以独特的视域发现自身素质结构中特点与专长,通过不断充实与张扬,生成学生个体的素质特长。

"三位一体"是将上述不同形式的"二元结合"中的不同特点有机熔铸成一个整体。把"关注实践历练、重视专业精深、发掘个人特长"三者合而为一,作为创新课程体系的核心和基础,以培养学生的科研能力和创新精神,引导学生从实践中体验成人生活和学习的境遇,寻找专业研究的突破点和兴趣点,进而在兴趣的牵引下,进行深度专业探究,突破现实问题。

二、知识情境性观点:诠释学习动机与培养标准的关系

建构主义认为:任何知识都存在于一定的时间、空间、理论范式、价值体系、语言符号等文化因素之中,任何知识的意义不仅由其自身的陈述来表述,更由其所位于的整个系统来表达。进而主张把学习置于真实的、复杂的情境之中,知识的学习应该建立在个体的主体情境,即个体已有的知识和结构之上,从而强调知识的"双重情境化"。以上论述,正可促进成人教育学科研究生在学习中摆正学习动机与培养标准的关系。

培养标准是成人教育学科研究生学习的基本范畴和衡量准则,学生的学习动机、学习内容、学习方式均应在培养标准的大框架内进行,尤其是学习动机更应与培养标准相协调。然而,在成人教育学科研究生学习过程中还存在着学习动机与培养标准相差异的现象。一是学习目标差异。有的学生尽管有发自内心的学习愿望和明确的学习目的,能对学习产生内在的推力,但对如何把自己的内在学习动力与培养标准有机结合起来,还不甚明了,导致学习目标与培养标准不相融合;二是学习需求差异。有的学生对学习需求出现盲目性倾向,对学习如何适应客观现实环境的要求,以及如何使自己的学习需求与社会压力因素相适应还有疑虑;三是学习价值差异。有的学生在学习中过于注重学习的外在后果,以利益驱动作为学习的诱因和拉力因素,以价值驱动学习,影响学习效果和学习目标的实现,致使学习动机与培养标准人为地对立起来。

上述现象表明,建构主义强调的学习者应构建个性化的知识格局的认识,对实现培养标准与学生学习动机的良性对接有着现实性意义,可引导研究生进行三个方面的思考。首先,引导研究生对如何在学习中表现个人价值进行思考,进而在培养标准的指导下明确研究生阶段的学习目标;注重个体间的差异,根据个体入学前的年龄特征、学习经历及基础知

识背景的差异来培养对成人教育专业的学习兴趣,把考研时的强烈动机延续到专业学习当中,为后续的提高提供一个持久的动力机制;其次,引导研究生在学习过程中细思、精思、慎思,如何根据培养标准创设合理学习环境进行思考?怎样构建一个课堂内外相互促进的动力系统?何以形成以培养标准为中心的合作型课堂动机系统,使个体在合作情境中共同体验学习的乐趣与困惑?怎样运用群体的影响力来激发学习动机,提高学习效果?等等。一旦这些关键性问题得到解读,研究生的学习就会变得通畅,学习热情就会极大提高;最后,引导学生对培养标准进行深度思考,让培养目标真正走进学生的头脑,贯穿于学生的整个学习过程,使每一个学生认识到研究生阶段的学习只是成就专业人才的基础,要真正成为成人教育事业的建设者、发展者,还必须在终身学习理念下,树立起强烈的学科使命感,使学习动机持续于整个人生的职业发展过程中。

三、知识社会性论述:突出自主学习与导师指导的关系

在成人教育学科研究生学习中,如何处理好自主学习与导师指导关系的问题,是一个学术争议颇多,研究生又倍感挠头的难点问题。而建构主义有关知识内含于团队或共同体之间,强调学习的社会本质以及"学习是社会协商"的理论,则能对这个问题的诠释提供一些思维与帮助。

在思维定式上从传统应试教育中的"知识被动接受者"的角色转变为知识、能力的主动构建者,无疑是成人教育学科研究生学习的方法论选择,而这种学习方法的转向必然会涉及研究生的自主学习与导师指导的关系问题。以人本主义心理学和认知心理学为基础的现代学习理论认为:自主学习又称自我指导学习,是指学习者能够管理自己的学习行为,根据自己的情况确定学习目标、制订学习计划、选择学习方式、监控学习过程以及运用和发展学习的技能。作为一种内涵驱动的学习模式,它以知识创新能力的培养为本质特征,意在形成学生的自我意识、发展学生的独立精神和开发学生的创新特质,以期成就创新性人才培养的目标。从上述理论着眼,"师为主导、生为主体"无疑是成人教育学科研究生学习必须把握的重要关系。

在两者的关系中,"师为主导"强调的是导师的导向性作用。由于研究生在学习中常受到学习环境的局限、学习对象难易程度和学习者自身学习条件的高低差距等诸多因素的影响,难以脱离导师的指导而独立进行,更不能完全依靠自我学习达到学习目标,所以,自主学习并非完全意义上的自主,而是在导师引导下主动学习,通过导师的指导来实现学生独

立探索、质疑问难、研讨交流的自主学习。"生为主体"则是突出研究生在学习中的主体地位，要求充分发挥研究生主体性作用，加快从传统的"接受式"学习，转化为现阶段强调"自我式"学习的步伐；以个体学习中产生的问题为导师的指导提供连接点，以群体中自主学习氛围的积极营造为导师的指导提供动力点，以达到与导师指导形成合力的协调关系，使之具有自我管理学习的愿望和意识并自觉地担负起学习的责任，从而使学习产生更有价值的成果。

由此出发，建构主义关于学习环境的构建要服从于学习者的需要的观点，正好可指引研究生在学习中把握好自主学习与导师指导的关系，在两个方面取得共识：一方面，大力构建"生为主体"的学习情境。从根本上告别本科式的传授型学习方式，倡导学生在导师的指导下，乐学、勤学、善学，积极探究学科知识体系的优势与特色，能以时代的标准和宽阔的视野对所学知识进行理性梳理与哲学归纳，去粗取精、提炼焦点、集合亮色，作为自身知识体系构建的新起点。同时还能自觉地运用辩证思维，以敢为人先的创新精神、格物致知的求知精神、求真务实的实验精神，巩固和提升已有的学习成果，生成具有个性特色又符合人才培养要求的知识新体系。另一方面，要充分彰显"师为主导"的指导作用。导师要始终站立在国内外成人教育学科研究生教育的前沿，结合学生的学习现实，因人而异、因时而异地进行学习指导。要以学习设计者的身份精心设计教学内容体系，搭建学习平台，引导学生超越传统的学习思维模式，创新学习方法，增强开拓意识，并在此基础上产生新颖独创的、有社会意义的学习思维认知；要以引导者的身份，改变学生对导师过分依赖和服从的心理，引导学生以自己的能力和经验提出探究性的问题，着重提高可持续发展能力；要以促进者的身份为学习者提供必要的技术支持和社会实践，激发学习的潜能；要以组织协调者的身份，组织课程的安排、讲授的策略、自主学习作业的难度，确保自主学习的过程与内容紧密结合，协调好学习的环境和氛围，帮助学生开展自主学习；要以信息资源库的角色为学生科学地选择和使用学习资料提供主动的支持，使学生在吸取知识的同时，自主积极地发挥搜索、分析、利用学习资料以及产生出新信息的潜能，成为信息资源的主动建构者；要以督导评价者的身份站在学习总体要求的高度利用检测和评价手段，适时地为自主学习提供反馈意见，使最终的学习目标更为全面、科学、富有实践性。

四、知识复杂性认知：阐述学术研究与日常学习的关系

建构主义认为：知识是主观的，不稳定的、结构不良的，是与其他形成的情境脉络紧密联系的，要掌握这种复杂知识，就需要掌握组织成系统形式的知识体系。从这个观点出发，开展学术研究无疑是成人教育学科研究生学习的核心部分，但由于受历史惯性作用和现实条件的限制，研究生的日常学习在某种程度上总是与学术研究相分离。在日常学习中，往往是注重知识的汲取而忽视学术的研究，与所倡行的探究式学习有相当差距。探究式学习要求学生在学习中以日常学习为主线，以学术研究为延伸，通过两者的相互交融，把握本学科的基本内涵和基本规律，进而在理论的层面上揭示成人教育发展中的问题与矛盾，达到能在整体上掌握学科理论体系的学习目的。因而，在成人教育学科研究生学习中，正确处理好学术研究和日常学习的关系就显得尤为重要。

从建构主义有关学习阶段理论引申，成人教育学科研究生作为"由高级阶段向专家阶段过渡"的学习者，学术研究和日常学习两个环节应是同一学习过程中不可分离的两个方面，虽然侧重有所不同，但却同存于一个有机整体之中。日常学习是学术研究的基础与前提，学术研究是日常学习的提高与升华。正是通过日常学习，获得本学科独有的各类专业知识，而学术研究又对研究生的学习提出了更深层次的探究要求，不仅要将日常学习中获得的知识进行沉淀，更要求把这些知识转化为一种科研思维的能力，而提高科研能力和创新能力正是成人教育学科研究生教育的本质要求，这种本质要求更加确定了日常学习与学术研究在整个研究生学习阶段中的重要地位和作用。

从上述认知出发，成人教育学科研究生在学习中要把握好日常学习与学术研究的关系，必须在"注重、结合、协作"的原则指导下开展有效的日常学习和学术研究。"注重性"原则是指：在现阶段我国成人教育学科研究生群体专业背景差异、研究生个体专业基础差距明显的现状下，更需要学习者认识到日常学习的重要性，在日常学习中进一步加强自觉性和主动性，摒弃为学分而学的盲目性，根据自己素质体系的薄弱点、兴趣点，把日常学习作为提高综合素质的桥梁和平台，不断扩大自己的知识面。"结合性原则"是强调学生主动把日常学习与提高学术研究能力相结合，避免机械地把日常学习和学术研究划分为两个孤立的阶段，甚至对立起来。在日常学习过程中始终保持对学术前沿信息、动态与趋势的敏感，把学习内容中带有研究性、未确定性的问题或一些尚有争议的问题通过研

究性、探索性的学习方式得出结论,通过对学科前沿的关注以及对现实问题的把握有效提高自己的科研能力。"协作性原则"是指研究生个体的科研素质提高不能局限在日常学习环境内,更要关注在日常学习以外的社会性学术研究趋势,通过内外互动、学研互补、师生互动、生生相助的协作方式来提升学生个体的知识结构、思维方式、研究风格,从而形成"同质异相"的整体素质效应。

五、知识默会性概念:彰显专业学习与就业取向的关系

现阶段我国就业市场还存在着市场发育不健全、市场运作不规范的问题,市场优化人力资源配置的作用还不能充分发挥,社会就业岗位已成为珍稀资源,成人教育学科研究生就业形势日趋严峻。然而,在成人教育学科研究生学习过程中,不少研究生在如何把握专业学习与就业取向关系方面常常表现出一些不相适应的状况,例如,产生唯我独尊的自负心理、得过且过的散漫心理、瞻前顾后的忧虑心理、唯利是图的功利心理等。这些心理以及由此产生的学习状况从本质上看,都反映了突出个体需求或特点而忽视学科专业的深层社会价值的模糊学习倾向,严重影响着研究生阶段的专业学习目标,从而弱化了研究生对专业学习方向的理性抉择。因此,成人教育学科研究生如何在学习中摆正专业学习与就业取向的关系,已然成为影响人才培养和教学质量的重要现实问题。

建构主义认为:知识默会性主要体现在知识不能通过语言、文字或符合进行逻辑说明,不能以正规的形式加以传递,不能加以批判性反思,因此,强调在教学过程中对于"实践共同体的合法的边缘参与",以便使隐含在人的行动模式和处理事件的情感中的默会知识在与人、与情境的互动中发挥作用,故而,要引导研究生的整个专业学习过程与自身的就业取向相和谐,就要指引研究生从"有机融合"和"有效结合"两个维度进行学习取向调整。所谓"有机融合"是指要将研究生的学习兴趣与就业取向有机融合,根据个体的就业方向进行学习方式和专业知识结构的设计。研究生的专业学习兴趣主要是以就业需要为基础而产生的,并通过学习实践的过程形成与发展起来,以自身学习兴趣为动力的就业取向更能促使专业学习富有针对性、实效性。无论是想进一步追求学术发展的学术型就业取向,还是投身于成人教育实践追求实用性的职业型就业取向,都需要通过有效的学习方式对自身的专业知识结构进行设计,以专业知识的广博精深为就业时的素质基点,以未来就业取向进行创新性专业学习作为就业核心竞争力,把职业道德品质融入自身的专业知识结构体

系之中,从而实现社会价值与个人价值的统一。

所谓"有效结合"是指促进研究生将自己的个性特色与市场需求相和谐,在学习中注重专业学习的前瞻性与就业的现实性的结合。成人教育专业研究生面对知识经济时代职业的流动和就业个性化的新趋势,不仅要以求职者的身份来应对市场发展需要,更多的则是要求以创业者的身份,主动将自身所具有的创新力、亲和力和沟通力等个性特色适应市场变化的趋势。专业学习要紧跟社会、市场发展需求的脉搏,在了解未来社会对专业知识结构、能力结构和素质结构要求的基础上,建构适合社会需要又张扬个人特点的知识与能力结构;同时又以未来的目光和超越的思维对自己所选择的就业方向和职业要求,进行前瞻性调研和现实性考察,把现行的行业标准和职业发展趋势与自己的专业学习相连接,在专业学习结构和学习内容上将专业发展的学术性和市场需求的职业性有效结合,从而在专业学习过程中营造一种浓郁的创业意识和职业氛围。

第二节 成人教育学专业学习模式的基本架构

在成人教育学专业研究生培养过程中,专业学习模式的构建既是重要的教书育人责任,又是紧迫的教育创新使命,有着不可替代的重要作用。从某种意义上讲,如果没有专业学习模式的构建和运作,成人教育学专业研究生教育的改革创新是难以推进的。因而,从专业学习模式构建这个关键环节着力,在对专业学习模式构建策略设计规划的基础上,为我国成人教育学专业研究生培养寻获一条更为理性的通道。当代成人教育学专业研究生动态学习模式建设是一项集体验性、探究性、科学性、务实性要求于一体的现代工程,既没有现成的模式可以照搬,也没有成功的经验可以借鉴,需要以强烈的使命感和责任感,以超越的视野和思维、以坚毅的学术勇气和学术态度,在现在与未来、理论与实践、学科与社会的融合甚至冲撞中,通过在体验中学习、探究中积淀、实践中归纳,形成科学思维和理性行为方式。从概念定义、指导思想、总体目标、基本原则、职能设计、建设路径等方面入手,把专业研究生动态学习模式建设由构想变成现实。

一、动态学习模式构建的内涵界定与指导思想

成人教育学专业研究生动态学习模式作为一种实践性认知体系,明

确指导思想与总体目标作为模式构建的灵魂与核心,有着极其重要的现实意义。

（一）动态学习模式的内涵界定

成人教育学是对人类日益关注的成人教育活动展开广泛研究的一门新兴学科,其知识和理论逐渐为人们所接受,并在解释成人教育现象、影响成人教育实践中发挥着积极的作用。作为一门专业的成人教育学是根据学科分类和社会职业分工需要分门别类进行高深专门知识教与学的基本教育单位。1992年华东师范大学第一个成人教育专业硕士学位点诞生后,2004年又建立了成人教育博士研究生教育点。至此,培养人才的基本单位演变成一种实体,为成人教育专业人才的培养、学科专业化的加强、学术视野的开拓,奠定了从"原始"走向"成熟"的基础。

成人教育学专业研究生动态学习模式内涵的界定,就是要站在我国建设创新型国家的战略高度上,以创新型人才培养为核心目标,以成人教育学专业为学习载体,在引导和推动研究生个体和群体与环境、资源、教师、学生之间的交流与互动过程中,通过建立相对稳定的多元性、多层性、多维性的新型动态联系,把握社会经济发展、本学科建设趋势、研究生群体学习进度的发展运动变化状态,来获得学科的"自为"和自身可持续发展的最佳学习状态的思维与操作的方法。

动态学习模式是一种生态性、发展性、开放性学习模式,与一般意义的学习模式相比较,特色有三点。

特色一,以思辨哲学为逻辑起点,认为成人教育学专业研究生学习是一种学校教育资源、社会教育资源与专业研究生个体或群体学习需求之间的多维互动与交换过程,这个过程并不是单一型或直线型的,而具有复合性和非线性特征。因而,在学习模式体系中强调动态学习的多维性和多向性。

特色二,以现代学习理论为行进原点,认为成人教育学专业学习的对象与主体具有多元性,是成人教育学科领域多主体的集合与协作,而不仅仅是研究生个体或导师的任务。因而,在学习模式展开中,倡导互动主体的多样性和互动形式的多层性。

特色三,以成人教育学专业现状为认知基点,认为当代成人教育学专业发展现状是学习模式构建的现实基础和发展平台,坚持本专业研究生学习模式构建必须立足于成人教育学科发展现状。因此,在学习模式运作中所产生的互动与交流必须是务实与创新的,是成人教育学科发展和研究生教育的过去、现在与未来的穿梭与碰撞。

（二）动态学习模式构建的指导思想

全面贯彻党的十九大精神，以习近平新时代中国特色社会主义思想为指导，全面开创教育改革发展新局面，以全面推进人的整体发展为己任，进一步解放思想、开阔视野、更新观念、坚持创新、深化改革，顺应潮流，大胆预测我国成人教育学专业研究生教育发展趋势，积极探索新时代下成人教育学专业研究生学习可持续发展的新规律、新趋势，从必要性、可行性、紧迫性等层面上，以多维视角进行充分剖析和翔实论证，着力转变不适应专业研究生学习科学发展的思想观念，提高推进专业研究生学习改革创新、引导专业研究生学习科学发展、促进专业研究生学习和谐发展的能力，着力解决研究生学习中反映强烈的突出问题，构建充满活力、富有效率、更加开放、有利于专业研究生学习科学发展的模式与机制，更好地把研究生学习科学发展与加快发展有机统一起来，为促进成人教育学专业研究生教育和研究生学习在新的起点上实现跨越提供坚强的体制与制度支持。

（三）动态学习模式构建的总体目标

成人教育学专业研究生动态学习模式是一个涉及经济、社会、文化、教育及环境的综合概念。它是一种立足于学科环境和学习资源角度提出的关于研究生学习可持续发展的战略和模式。这不仅是一般意义上所指的时空上的延续，更是强调在学习环境营造下的学习制度建设和学习资源持续利用。它的总体目标体现在三个方面。

其一，通过专业研究生动态学习模式构建，把学校成人教育学专业研究生教育转化为本区域乃至全国成人教育高素质创新型人才培养中心。随着我国成人教育事业的蓬勃发展，培养高新尖人才已成为成人教育事业发展亟待解决的重大现实问题，成人教育学专业研究生教育作为我国成人教育高新人才培养的重要基地，应抓紧机遇，顺应时代，通过专业研究生动态学习模式建设与运作，充分发挥现有成人教育学专业硕士学位点的作用与优势，促使研究生学习与我国成人教育事业发展链接起来，突出学科专业研究生培养的时代特色和个性亮色，不断满足我国成人教育事业发展对高新人才的迫切需求。

其二，通过专业研究生动态学习模式的展开，把学校成人教育学专业硕士学位点衍升为本区域成人教育信息与咨询中心。随着我国建设学习型社会和终身教育体系战略目标的实施,社会参与成人教育的办学机构与团体不断增加,每年参加各类成人教育的人数巨大,社会对成人教育信息与咨询的服务需求持续增长,成人教育学专业硕士学位点作为我国成人教育专业化研究机构,应不负时代重托,通过专业研究生动态学习模式的全面展开,精心策划、科学运作,把学位点师生的教与学、科与研积极与我国成人教育发展前沿联系起来,主动把研究生学习资源转化为成人教育社会信息资源,倾情为全省各级各类政府部门、办学机构、社会成员提供有关成人教育的多样化、社会化的信息与咨询服务,使学位点晋升为本区域的社会化成人教育信息与咨询中心。

其三,通过专业研究生动态学习模式的发展,把学校成人教育学专业转变为本区域乃至全国成人教育理论研究中心。在我国成人教育快速发展过程中,成人教育理论研究与学术探索的基础性、先导性和战略性作用日益凸现,然而,目前我国有关成人教育的理论研究和实践探索均处于原初阶段,在许多方面还存在学术空白和研究盲点,成人教育学专业研究生教育作为我国成人教育科学研究的主要基地,应以我国成人教育实践发展为切入点,通过成人教育学专业研究生动态学习模式的发展,把理论研究与学术探索作为本专业导师教育与研究生学习的重要方面,特别是在研究生学习中倡导和开展高层次的研究活动,力争获得高水平的学术成果,在成人教育理论研究方面有所建树,开创本区域成人教育理论研究新局面,使学校成人教育学研究生教育成为本区域成人教育理论研究中心。

二、动态学习模式构建的基本原则与功能设计

成人教育学专业研究生动态学习模式作为一种规范化和制度化的学习体系,其构建的基本原则与功能设计将有着承先启后的重要作用。

(一)动态学习模式构建的基本原则

公平性原则。坚持公平性原则是动态学习模式构建的基本原则。所谓公平性是指学习机会选择的平等性,主要是强调研究生之间的学习起点和学习机会公平。在动态学习模式展开的进程中,既要满足所有研究生的基本学习需求,给研究生个体以公平的学习发展权、公平的学习资源使用权,消除个体存在的学习起点性差异;又要给他们机会,以满足他们要求提高学习能力的愿望,使学习机会均等成为学习的基本氛围。

持续性原则。坚持可持续发展是专业动态学习模式构建的主要原则。学习资源与学习环境作为研究生动态学习模式构建与发展的基础和条

件,也是当前制约和限制动态学习模式构建与发展的主要因素。因此,对学习资源收集与利用和学习环境的持续性建设,是动态学习模式可持续发展的重要保证。因而,专业动态学习模式在构建与发展的进程中,需要根据持续性原则调整自身的存在方式,不断更新学习资源和营造新的学习环境,而不是盲目地、短视地、功利地进行动态学习模式建设。

共同性原则。坚持共同性原则是动态学习模式构建的重要原则。尽管不同成人教育学专业学位点的情况各不相同,研究生个体的学习经历、学习背景、学习素质、学习能力也各不相同,学习的具体目标、需求和行为步骤也各有差异,但是,动态学习模式的构建与运行必须适用于专业学位点和研究生整个群体。因此,在动态学习模式构建中,要充分考虑学位点和研究生个体的现实个性与差异,致力于形成既尊重个体的差异,又着眼整体发展的框架体系至关重要,这是成人教育学专业学位点和研究生共同的道义和责任。

实践性原则。坚持实践性原则是成人教育学专业研究生动态学习模式构建的基础原则。专业动态学习模式构建必须与现代成人教育改革发展实践紧密结合起来,离开成人教育实践,专业动态学习模式就失去了存在的基础。因而在专业动态学习模式构建中,要建立校内外学习实践基地,尽可能多地为研究生提供各类学习实践机会,让所有研究生尽可能多地接触成人(非)学历教育、自学考试、技能培训、社区教育、农村教育、公民教育、远程教育等各类成人教育实践,促使绝大多数研究生能达到"学于实践,用于实践"的学习能力。

（二）动态学习模式的功能设计

培养"热爱成人教育事业"的专业人才是动态学习模式的首项功能。成人教育学专业研究生作为成人教育事业改革发展的主要参与者和未来中坚力量,应树立热爱成人教育事业的坚定信念。培养坚定的政治信念是热爱成人教育事业的思想保障。培养研究生政治上的敏感性与辨别力,在原则问题上能辨明是非,在重大政治问题上与党中央保持一致,自觉地把自身的学习和发展与党和国家的事业联系起来,与成人教育事业发展联系起来,形成具有自身特点的政治眼界,更为客观、敏锐地看待世界,正确地分析成人教育事业发展中的各种问题。培育良好的成人教育职业道德是热爱成人教育事业的行为保障。要提高研究生对所从事事业的正确认识,怀有"我以成人教育事业为荣"的自豪感和坚定的专业思想,投入成人教育事业,理性地对待市场经济发展过程中存在的种种诱惑,坚守作为一名成人教育工作者的操守不动摇，宁静致远。

培养"践行成人教育事业"的管理人才是专业动态学习模式的基本功能。成人教育事业是面向社会和市场的服务性教育事业，成人教育管理工作是一项最为复杂又讲究艺术性的社会工作，对从业人员的个人综合素质要求颇高，需要以"以人为本"的服务精神投入其中。

强化研究生社会服务精神是"践行成人教育事业"的认识基础。把管理即服务的理念贯穿于研究生学习始终，以培育研究生谦逊精神为重心，让每个研究生都深刻地懂得"谦受益，满招损""壁立千仞，无欲则刚""海纳百川，有容乃大"的道理，养成虚怀若谷的宽广胸怀。在今后所从事的成人教育管理工作中，都能以谦逊的服务态度，面对千差万别的管理对象和纷繁复杂的管理事务，正确对待和解决工作中出现的各种问题与矛盾。

提高研究生社会服务技能是"践行成人教育事业"的行为保证。把真诚服务的行为准则灌输到研究生学习中去，作为研究生从事管理工作的座右铭，使之在未来的管理工作中，能以协作的工作态度与各类管理对象以诚相待，实事求是，坦诚交换意见与分歧，协调好成人教育内外的各种关系和资源，营造一个既激励向上又和谐发展的管理语境，使自己的工作得到社会方方面面的共同认可，以一流的工作效率推动成人教育事业发展。

培养"创新成人教育事业"的科研人才是专业动态学习模式的重要功能。理论研究在我国成人教育事业中具有极其重要的地位和作用，成人教育理论研究作为一种实践性、探索性和挑战性的工作，不仅需要有跨学科的视角，借鉴、思考和吸纳其他学科相关知识与学术成果，还需要有扎实、开阔的专业知识和较全面的通识知识基础，更需要坚持不懈地以科研的态度和精神从事成人教育实践，在实践中创立自己的学术风格，形成个性化的研究形象。

扩展研究生们的学术视野是培养"创新成人教育事业"科研人才的前提。在学习中要引导研究生主动把学术研究与成人教育实践相结合，彻底清除既往学术研究中出现的移植与套用、照搬与前缀其他学科的理念而失去自我的学术研究行为方式，昂首走进缤纷靓丽的成人世界，自觉运用唯物辩证法的归纳与演绎、分析与综合、抽象与具体、逻辑与历史的统一等思维方法，深刻地解读与探究成人范畴，突出成人教育的研究主体地位，注重成人教育的本质、功能、地位、作用等基础性研究，创新成人教育学的概念、判断、推理，以丰满现有的成人教育理论体系。

培植研究生们的科研创新精神是培养创新成人教育事业科研人才的

基础。在学习中要引导研究生从更为广阔的视野阐释本学科基本理论，在汲取社会学、教育学、心理学以及自然科学营养的基础上，结合本学科发展实际开展有的放矢的创新性学术研究。在创新性研究中发现新的研究对象，或拓展原有研究对象的范围，或提出新的研究问题的视角和思维方式，进而形成新的独立的别人无法替代的言说方式和表达方式。

（三）动态学习模式的功能要义

根据成人教育学专业人才培养要求，动态学习模式功能要点主要表现在提升"三元力"方面。"三元力"是成人教育学专业研究生必须具备的"人格力、创新力、沟通力"等三种基本能力，提升"三元力"是专业动态学习模式构建应对社会发展和高校研究生教育创新对成人教育学专业研究生整体素质培养新要求的积极应答，是凝聚在专业动态学习模式功能设计中的内在精神和基本要义。

第一是提升人格力。人格力是成人教育学科研究生学习中孜孜不倦的精神追求和今后从业不可替代的隐性资源。研究生毕业后将面对广阔的社会舞台，所从事的成人教育事业要求以自身人品、德性、治学态度、为人处世方式等树立其社会形象，需要以特有的人格魅力去打开未来从业之门，赢得社会和他人的尊重。地冻三尺非一日之寒，人格力的形成是一个长期复杂的过程，这就要求专业研究生在学习中，注重学习品格与从业道德的统一，学品如人品，品正才能学有所成，品正才能有所作为。

第二是提升创新力。创新力既是成人教育学专业研究生的学习精义又是未来从业的锁钥。专业研究生不仅要在学业上不断进步，更需要提升自身的创新力。创新力是研究生的基础知识、社会洞察能力、学习能力、科研能力的集合。社会发展需要创新和创造，需要研究生在拥有的学科专长背景下，在学习期间，通过参与各种社会科学活动和科研实践，扩大学识范围，优化洞察能力，提高思考能力，增强研究能力，形成具有自我特色的创新能力。

第三是提升沟通力。沟通力是成人教育学专业研究生学习的重要方面和往后从业的基本能力。在知识经济与市场经济融合的时代，面对着一个开放而纷杂的社会，需要研究生们有强烈的交流欲望与意识，善于与社会、市场、团体、办学机构、个人之间进行沟通，甚至是与外企、跨国公司等进行涉外沟通，为自我发展寻找出最佳的中介与桥梁。这就要求研究生在学习期间，通过了解自己的特长与不足进行针对性学习，学会有效地掌握和运用语言、非语言（包括身体语言、空间语言和类语言）的表达方式和表达时机,培育沟通习惯,掌握沟通技巧,形成沟通能力。

三、动态学习模式构建的环境营建与路径设计

上述状况显示,我国成人教育学科建设和研究生教育正处于一个重要的转折时期和跨越阶段,这是一个机遇与挑战并存的时期。种种挑战与困难无疑对成人教育学科研究生动态学习模式的构建产生诸多不利影响,但迎接挑战和克服困难又为动态学习模式的建设带来了机遇与希望。因此,要把成人教育学专业研究生动态学习模式构建从理念变为现实,就必须为之设计相应的学习社会环境、学习生态、学习引导机制、学习评价机制、学习资源互补机制作为现实载体,以上五个方面的营建与设计,将为动态学习模式的构建提供必要现实条件和建设环境。

(一)建立"三方联动"的社会环境

成人教育学专业研究生动态学习模式作为一个社会化体系,良好的社会环境是它构建的必要条件,而如今这个政府、学校、学科"三方联动"的社会环境正逐步完善。

就社会和政府层面而言,政府对成人教育学科建设和研究生培养工作高度关注,从宏观指导到政策支持,力图通过多种途径为成人教育学科建设和研究生培养工作办实事。近年来,一些省市教育厅已经成立和正在研究成立"省级成人教育研究中心",或把成人教育学专业升格为省级重点学科,这些行为举措,就是要通过研究中心的成立和学科层次的提升,促进成人教育学科建设和研究生培养与本区域社会经济发展紧密结合,并使其在科学发展观的指导下,更新观念、顺应潮流,探索出新形势下本区域成人教育事业发展的新规律、新趋势。这些政策和举措的推出,不仅有力推动了本区域成人教育学专业研究生教育的改革创新,客观上也优化了学科研究生动态学习模式构建的现实环境。

从学校和学科层面上看,长期以来,很多学校不但把成人教育学科建设和研究生教育作为本校人才培养的重要构成,列入学校重要议事日程,而且学校各有关部门急成人教育学专业研究生教育之所急,想成人教育学专业研究生教育之所想,齐心协力共促成人教育学科的发展。同时,把成人教育学专业研究生教育作为成人教育事业发展的旗帜与核心,给予各种政策支持和人文关怀,一些学校还把成人教育研究所列为本校一级研究院所,大大提升了成人教育学科在学校的学术地位和品牌。在成人教育学科领域内,为了实现培养和造就成人教育事业高素质人才的时代

使命与社会责任,成立了以"全国成人教育学专业研究生培养工作交流会"为核心的研究生教育"战略联盟",在这个联盟中,全国高校成人教育学科和研究生教育凝聚在一起,以"区域性联合"与"整体性联合"的方式开展研究生培养工作,使每个高校成人教育学位点都能在全国成人教育学科建设和研究生培养的整体框架中找到自己的位置,明确自己的目标,通过交流与协调,整合全国成人教育学科的现有资源,聚集整体发展合力。上述这些努力的直接后果,就为学科研究生动态学习模式的构建搭起了不可或缺的现实平台。

（二）建立"多维共进"的学习生态

研究生动态学习模式作为一个学习体系,其构建的根本动源应是本学科研究生群体学习行动的调整与学习需求的更新,而今这个"多维共进"的学习生态正在形成中。

在学习理念方面,研究生整体学习理念正在发生重大变化。美国《成人教育专业研究生项目标准》中:关于"一个高水平的研究生培养项目应该拥有由自己的教师、学生推出的学术论文、学术报告和著作;能够参与并在一些不同层次的学术研讨会上发表观点;能够让教师和学生有机会实现专业领域内(包括国际性)的正式或非正式的交流;能够让本项目培养的研究生未来得到恰当的安置,并让学生施展其才华"的理念日益深入人心。研究生们开始从单一学习、被动学习、阶段学习向全面学习、自主学习、创造学习、终身学习方向变迁,并以浓厚且广泛的学习兴趣,希望尽可能地进行多视域、多层次的学习,积极拓展知识面、充实知识结构,使自身成为一个学习能力强的复合型人才。

在学习意识方面,大多数研究生正针对学习过程中存在的问题与矛盾,着力调整学习方向,强化学习主体意识,迫切要求能掌握学习的主动权,从而积极、主动且创造性地进行学习。这种主体意识集中表现在以下方面,在自我定向上:确定学习目标,制订学习计划,安排学习进程,做学习的主人,通过积极开展自主探究式的学习,依据自身的基础学识和能力,去学、读、讲、研,独立发现问题、解决问题,得出科学结论;在自我评价上:逐步客观地认识自我,依据学习目标和自身的评价标准,对学习的目标、策略、方法、计划进行自我反思与评价,进而对学习过程进行适时的监测;在自我调控上:能对照自己的学习目标,寻找学习差距,考虑如何改进自己的学习策略和方法,并采取针对性措施,及时调整学习行为,以促进学习目标的达成;在自我激励上:能在学习过程中,不断激励自己战胜困难,获得学习成果,使自己始终处于向上、活跃的学习状态。

在学习取向方面,许多研究生正努力由感性学习向理性学习方向跨越。物理学家、诺贝尔奖获得者温柏格关于"不要安于书本上给你的答案,要去尝试发现与书本上不同的东西,这种素质可能比智力更重要,往往是最好的学生与次好学生的分水岭"的论述正成为大多数研究生学习的座右铭,他们急切企盼能通过理性的学习方式和实践平台,运用多元思维,理解掌握知识、革新知识、发展知识、增长才干,培养发散性思维和创新能力。

在学习行为方面,更多的研究生正由阶段性学习向持续性学习方面延伸,不再认为研究生阶段的学习仅仅是获取学历与社会地位的单一学习,而是体会到人生的学习并非在校阶段一劳永逸的事,应该作为未来学习的新起点,服务自身未来发展的需要。除了学好现阶段专业知识外,同时培养自身不断学习、不断接受新信息的方法。由此,构建一个顺应社会发展需求又满足自身学习需求的学习模式,为自身现时学习和未来学习提供路径。

(三)建立"三元纵横"的学习引导机制

建立"三元纵横"的学习引导机制是成人教育学专业研究生动态学习模式的核心步骤,决定专业动态学习模式构建的方向与价值。成人教育学专业研究生学习作为诸如探究式、体验式、实践式等多形式学习的共同体,专业动态学习模式强调引导研究生学习能真正走入内涵丰富,外延广阔的成人教育领域,认真思索和适度把握我国成人教育的基本规律、基本特征和时代特色,了解和掌控成人教育领域中不同类别与形式的教育,从而以高屋建瓴之势总揽成人教育整体风貌。"三元纵横"的学习引导机制正是由此而发,从充分发挥专业动态学习模式功能出发,在专业动态学习模式基本原则指导下,引导研究生在提升人格力、创新力、沟通力"三元力"的多向学习维度中,纵横驰骋与交相辉映,提升整体驾驭学习的能力和水平,生成一专多能,甚至多专多能的综合实力。

"三元纵横"学习引导机制符合成人教育学专业研究生动态学习模式的多功能型人才培养要求。即:通过创造学习情景与实践平台,推行学习激励机制,充分发挥动态学习模式的引导作用,突出人在学习中的主体地位,以提高研究生人格力为核心,向创新力和沟通力两个方向延伸,形成若干个既相互独立又相互关联的综合能力动态培养模块,引导研究生自觉探索成人教育学专业的学习规律、学习方式、学习要求,形成新的学习理念、学习方式，养成创新能力和复杂学习情境的应对能力，使动态学习模式切实成为专业研究生学习的引路者。

"三元纵横"学习引导机制有着鲜明的学科特色。一是突出"以生为本"理念。在学习引导机制中，始终把研究生摆在主体地位，不仅培养研究生个体的学习能力，更重要的是营造一种平等和谐向上的学习经验交流的话语情境，充分体现研究生的主体人格。二是引导方式实践化。在传统学习方式中研究生获得的是陈述性或信息性知识，由于缺乏实践性与变式练习，所以在思维空间里难以将这些知识转化为学习能力，而要提高研究生学习能力就是需要通过扩张"三元力"的内涵与外延，来获得不同现场中的不同认知，使学习发生在参与学习实践的过程之中。因而，"三元纵横"强调学习实践对研究生学习的重要性，导引研究生在解决各种学习难题和学习矛盾中，在直面各类突发性学习事件和学习挑战中，从学习实践中去发现问题、解决问题，丰富学习经验，将学习问题转化为提升"三元力"的"立交桥"。

（四）建立"同质异相"的学习评价机制

建立"同质异相"的学习评价机制是专业研究生动态学习模式构建的关键所在，决定专业动态学习模式建设的体系与结构。"同质异相"的学习评价机制是指，在成人教育学专业研究生学习中，尽管不同研究生群体或个体在学习目标、学习心理、学习方式、学习行为、学习效果等方面表现得千人万相，但专业人才培养方案对研究生的专业素质和综合能力评价的本质属性和基本要求却具有同一性和规范性。因此，对研究生学习的评价不能简单地把他们三六九等地分类，或以某一个方面作为评价标准，而是既要评价不同学生个体的学习现状，又要注重学生个体的个性，以同一性的动态学习模式体现不同学生个体学习特色，把规范性的学习目标融入对不同学生个体的学习评价中去。

"同质异相"学习评价机制作为以专业动态学习模式内涵要素为依据的动态评价机制，有两个着力点。一是对研究生学习进行发展性评价。这种发展性评价是面向未来的评价，是一种依据目标、重视过程、及时反馈、促进发展的形成性评价，主张在宽松的学习环境中，用动态的、发展的眼光，对研究生学习进行持续的评价。因此，发展性评价关注研究生的背景与基础，关注日常行为表现与点滴进步，注重发展过程，通过评价促进研究生对自身学习进行反思。二是关注全体研究生的个体差异，并根据这种差异确定个体化的评价标准、评价重点、评价方法。不是制定一个统一标准,然后将所有研究生的学习表现与之相对照,判定其优劣或是否合格,而是将研究生的学习表现与原有的基础相比较,对不同学习阶段的研究生,有针对性地提出改进建议、发展目标、学习要求等,使研究生在成功的体验中不断改进。同时,发展性评价突出研究生在评价中的主体地位,强调研究生的积极参与,把评价指标体系建立与评价内容确定过程,变成为研究生自我教育、自我学习、自我提高的过程,促进研究生自觉提高自身素质。

因而,"同质异相"学习评价机制建立的目标,就是要通过评价机制的全面运行,全面贯彻专业研究生培养方案和研究生教育创新要求,科学而客观地监控专业研究生在常态下的学习质量,充分发挥学习评价机制所具有的诊断、反馈和促进发展的功能。通过监控结果与信息反馈,使研究生看到自身取得的学习成绩与存在问题,并针对这些问题,探求新发展、新方式,从而生成基本素质同一又各有专长、既有共性又有个性的人才质量表现形态,最终达到专业学习模式的总体目标要求。

(五)建立"动态置换"的学习资源互补机制

建立"动态置换"的学习资源互补机制是成人教育学专业研究生动态学习模式构建的物质基础,决定专业动态学习模式建设的层次与水平。从教育学认知上看,学习资源是动态学习模式建设和发展的现实物质基础,它的数量多寡、质量优劣和利用效率高低决定动态学习模式建设的层次与水平。从目前成人教育学专业研究生教育所拥有的学习资源总量上看,学习资源不足的问题仍困扰着研究生学习,特别是一些新增设的学科学位点的学习资源更是捉襟见肘,问题十分突出。于是,建立"动态置换"的学习资源共享与互补机制就成为专业动态学习模式构建不可或缺的行进路径和存在载体。这个机制主要是"有所为和有所不为"地对学校成人教育学位点学习资源的数量和使用情况进行归总与调控,促使专业内各类学习资源的无障碍流动,使专业研究生在不同形式或不同方式的学习过程中,在共享已有的专业学习资源的同时还能与其他类专业研究生进行学习资源互补,有助于专业研究生在相对同一的学习资源环境下,根据学习需求,多来源地选择学习资源,从而使动态学习模式立足于现实的土壤之上。

建立"动态置换"的学习资源共享与互补机制,要关注两个方面。其一,要盘活基础性学习资源。基础性学习资源是成人教育学专业研究生学习的必要资源,在现有条件下,要把学科有限的基础学习资源通过交流与置换进行资源整合、资源优化配置、资源科学调度,充分利用研究生学习的空当与间隙,根据个体不同的学习需求,运用时间交错、迭次使用、饱和利用等行为方式,合理布局和调配学习资源,为研究生不同的学习需要提供可用的基础学习资源,达到以现有的学习资源取得最好的学习效果的目的。其二,要主动发挥学习资源互补特性,加强与全国其他高校成人教育学专业学位点的横向联系,建立区域性或全国性成人教育学专业研究生培养联盟,以"大成教"的意识推进不同地区、不同学校成人教育学专业研究生学习资源的互通与置换,从而超时空、跨地域地整合学校与社会的有效专业学习资源,大大提高成人教育学专业研究生学习资源总量,进一步增强学位点研究生学习资源"自我造血"与"自我完善"的功能,为专业动态学习模式的构建不断扩张扎实的物质基础。

第三节　成人教育学科的专业学风建设

学风是学校治学精神、治学态度和治学原则的综合体现,是衡量一所高校或专业的办学思想、教育质量和管理水平的重要指标,当然也是专业研究生教育创新发展的基础和前提。

一、成人教育学专业学风建设现实问题

现阶段我国成人教育学科专业研究生学风建设还存在诸多问题,根据对多所高校成人教育学专业研究生调研的信息反馈,其中最能反映状况的就是"三个差异",即专业学习认识的差异、专业学习平台的差异和专业学习成果的差异。

（一）专业学习认识的差异问题

在新时代背景下,成人教育学科研究生专业学习思想认识差异的问题还比较普遍。尽管我国成人教育学科经过数十年的风雨兼程,积累了一大批相关经验与成果,但这些经验和成果远没有在研究生专业学习领域内得到广泛的推广与运用,尤其是一些具有传承意义和专业特色的经验与成果,以至一些学科研究生在专业学习过程中,总是陷于"不知为何而学"的迷惘。现有调研数据显示,学科研究生专业学习思想认识差异主要表现在三个方面。一是学科信仰的缺失。成人教育学科源远流长,

早在我国春秋战国时期就已雏形,且历经两千多年的发展与完善,已形成了有中国特色的传统成人教育学科,为社会和文化的发展做出了不可替代的贡献。但学科专业学习中,不少人不能正确地认识学科的发展历史,还局限在成人教育学科产生于近代西方的偏执中,对学科的历史脉络、发展趋势、社会价值、使命责任的认识模糊甚至空白,以至专业信仰缺失、学习意识淡漠、职业目标迷茫等现象屡见不鲜。二是专业信念的缺乏。学科信仰的缺失必然引发专业信念的缺乏。在专业学习中,一些研究生总是抱怨成人教育学科边缘化,不受社会重视,从而对专业学习失去应有的信念,致使学而无用论在学科的某些局部泛滥,丧失刻苦学习精神,抵触必要基本知识学习和训练,沉迷于兴趣式和游览式的学习,避重就轻,得过且过,甚至敷衍塞责的情况时有发生。三是个人学习信心的缺位。受上述因素的影响和冲击,导致一些研究生对自我专业学习信心大幅下降,总是认为自己不是学习成人教育学专业的材料,很难通过自我努力完成专业学习,失却了专业学习的主动性与积极性,并由此产生诸如开拓学习的气势不足、攻坚克难的底蕴不足、创新式学习的勇气不足等问题。

对照《成人教育学科人才培养方案》的要求,就可以发现,研究生专业学习思想认识的不足,不仅反映出成人教育学科领域内的人才培养体系与专业学习范式的薄弱,更表现出学科关注研究生专业学习的思想认识教育滞后于新时代成人教育学科专业人才培养的要求,一般性的专业学习覆盖了思想政治学习和专业理想教育。同时也表明,学科对研究生专业学习以及学科专业人才培养的本质认识还停留在初期阶段,需要进一步深入研究生专业学习领域内,更深刻地了解和把握研究生专业学习的现实与趋势,在整体上重新树立研究生专业学习的正确认识。

(二)专业学习平台的差异问题

无须讳言,成人教育学科领域内确实存在着专业学习平台的差异问题。尽管随着更多高校成人教育学科学位点的建立以及更多成人教育学科专业的设置,研究生专业学习相关资源的沉淀已达到一定数量,但与研究生专业学习平台相对平衡的要求还有一定差距。现有调研数据显示,学科专业学习平台的差异主要表现在三个方面。一是专业学习平台成熟度的差异。一些学科学位点虽然通过自身努力对现有专业学习平台进行了一定的充实与完善,积累了一些资源、获得了一些新技术、取得了一些新经验,但受我国阶梯经济的制约,尤其是那些起步较晚的中西部地区的学科学位点,在研究生专业学习理念、专业学习设施、专业学习模式等主要指标,与起步较早且位处经济发达地区的学科学位点还存在很大差距,以至学科专业学习平台成熟度方面长期存在明显差异。二是专业学习平台的深广度差异。一些成人教育学科虽然通过拓宽专业学习平台、重构专业学习模式,建立仿真学习情境等方式,提出了专业学习平台建设的新理念、新设想和新见解,但受专业师资以及校本教育资源的局限,并不能及时对这些要素在实践层面进行逻辑整合,产生全局性和全过程性的作用,生成更符合社会要求和成人教育发展实际的专业学习平台,致使不同地区、不同高校的成人教育学科之间,出现专业学习平台的深广度差异。三是专业学习平台的统筹度差异。尽管从局部上学科领域内的各个专业学习平台各有特色,但从全局上看,这种特色并不明显,虽然一些学科学位点的专业学习平台,通过内外协作、资源互流、成果共享,其有效性和适用性已得到初步验证,但这些有效性和适用性并没有在不同专业学习平台之间得到广泛运用与认同,难以形成"既相互联系又互为支持"的系统化专业学习平台体系,致使各专业学习平台之间"各行其道各行其是"的个体性与孤独性倾向更为凸显。

上述状况的产生与成人教育学科"专业学习共同体"建设滞后有关。成人教育学科业内各种专业学习技术、经验和成果的交流与置换离不开社会建制的支持,尤其是要通过建立起彰显成人教育特色的"研究生专业学习共同体",以推动学位点的专业学习平台建设以及各类学习成果的认定、收集和应用。尽管目前在成人教育学科领域业内已有"成人教育学专业研究生教育研究会""成人教育学科导师促进会"等学术团体,但并没有建立起具有权威性、社会性和规范性的学科研究生专业学习体系,对成人教育学科业内各类研究生专业学习平台进行科学管理,上述问题的产生也就难以规避。

（三）专业学习成果的差异问题

成人教育学科研究生专业学习成果,不仅包括研究生在校期间的各类课程成绩、调研报告、毕业论文等学习类成果,还应涵盖研究生的学术论文、专业课题等研究类成果,这就涉及如何实现各类成果的平衡问题。这里所主张的平衡专业学习成果,除了学习类成果的平衡外,更关注学术类成果的平衡,强调要学科内每个研究生都要根据自身实际,努力使各类专业学习成果保持相对的平衡,并在有条件的情形下对自我专业学习成果进行后续性的开发、凝练、改进、提升。但现有调研信息反馈,目前要达到以上要求还有不少难点亟待克服。一是专业学习成果的类别失衡。主要表现为一些研究生忽略了专业学习成果的本质属性、覆盖范畴、价值评价，把专业学习与社会需求隔离开来，过于关注学习类成果的获得，而对更为重要和更具社会意义的学术类成果持漠然态度，尤其是那些具有重大社会意义又具挑战性的学术成果更是无人问津，甚至一些研究生在读期间既无学术论文发表又无专业课题涉及，导致学术类成果与研究专业学习相脱节。二是专业学术成果的质量差异。经过多年的努力，学科研究生的整体学术类成果在数量上已有相当积累，但从质量上看还存在很大问题，大多学术类成果都是大而全的泛论或浅谈，抑或是成人教育学科的现象与问题，缺乏对新时代条件下成人教育和成人教育学科本质规律的探索与研究，尤其是一些具有较好的社会应用前景和社会反响，与成人教育和成人教育学科发展联系密切的学术成果严重不足，导致研究生专业学习成果长期在低层次上徘徊。

此类现象的出现或与成人教育文化建设的迟缓有关。成人教育文化建设区别于一般大学文化建设，它融传统文化、大学文化、教育文化、职业文化、学科文化、岗位文化等于一体，有着厚重的社会情结，尤其是所特有的文化元素的吸纳、融合、改造功能，不仅有利于成人教育学科业内各类专业学习成果的产生、流动和转化，更能吸引更多的其他文化元素加盟其中，并在成人教育文化与其他文化元素相融合的过程中，进一步推进社会发展与研究生学习之间的互通与互补，加快学科各类成果（尤其是学术类成果）产生与形成进程，为成人教育学科专业学习在质量保障、特色打造、方式改革、效率提高等方面注入新的活力与生机。

二、成人教育学专业学风建设的问题溯源

不可否认，成人教育学专业研究生学风建设问题的出现，研究生自身的问题是一个重要因素，但绝不是问题产生的全部原因。从现实上看，成人教育学专业的专业学科建设滞后、专业人才队伍建设缺位、专业课程设置偏失等不足，当是引发专业研究生学风建设问题的客观原因。

（一）成人教育学科建设滞后引发"三信缺乏"

成人教育学科受社会与物质基础的制约导致学术基础严重断层，表露出学科体系发展的无奈与疲软。一是学术表现歧视。学术期刊是成人教育学科发展的主要表现平台，但与其他教育学科相比较而言，成人教育学术期刊不但数量少，而且层次低，在国家一二类学术核心期刊目录中从

无踪影,其余也屈指可数,更令人悲哀的是,在硕果仅存的成人教育学刊中,冠以成教之名而实质是各类文章大杂烩的刊物不在少数,表现出明显的整体学术歧视和自暴自弃的倾向,这种倾向对扩大成人教育学科社会功能,聚集成教科研人气,以及积累重大科研成果都十分不利。二是学术交流断阻。尽管成人教育学科来自普通教育学科母体,与其他教育学科彼此间也有许多共同点与交汇点,在学术研究上应有密切的交流与碰撞,互促互动共同发展。但在实际中,普通教育学科和其他教育学科从未把成人教育学科纳入共同发展轨道,漠视、轻视成人教育学科现象十分普遍,基本处于"鸡犬之声相闻,老死不相往来"的学术交流阻隔状态。没有学科间的交融与碰撞,就难以迸发新的学术思维、学术导向、学术观点,在学术研究中就必然导致学术闭锁、理念套搬、概念偷换等现象的蔓延,成人教育理论研究整体低层次运作局面就不可避免。三是学术成果断层。成人教育科研成果尤其是重大成果长期几近空白,导致成人教育学科多个重要发展时期学术成果欠缺,形成学术演进脉络成果断层,对成人教育学科体系发展以及社会功能提升均产生重大负面影响。尽管近年来这些情况有所缓解,但难以从根本上改变社会学术基础断层现状。

学科建设的滞后,对成人教育学专业的学风建设的影响是不言而喻的,其直接后果是,极易导致专业学风建设的"三信不足":一是致使专业研究生对我国成人教育事业的发展失去必要信仰;二是对成人教育学科失去信念;三是对自己能否适应成人教育学专业研究生学习失去信心。从调研的结果上看,一些研究生表示,自己选择成人教育学专业是一种将就或一种无奈,甚至一些高校成人教育学专业的研究生产生了学科自卑感,在外不敢承认自己是成人教育学专业的研究生,只是含混地说是教育学的研究生。

（二）专业人才队伍建设滞顿促发"三坚不足"

学科专业人才队伍建设包括教学人才、科研人才和管理人才,尤其是一个以成人教育学科专业学术大师或学术带头人为核心、学术骨干为基础、个体特色的校本化的师资队伍建设,无疑是成人教育学专业学风建设的脊梁。然而,现有调研信息反馈显示,目前成人教育学科专业人才队伍建设还存在两个方面的缺位。一是学科专业人才队伍建设失衡。学科内各类专业人才的相对平衡是评价专业队伍层次与水平的重要指标,在某种程度上决定专业人才队伍在学科专业学风建设中的地位与作用。但在一些高校学位点上,不仅专业教学人才队伍和科研人才队伍参差不齐,多为校内成人教育学院（继续教育学院）或其他学院与部门的工作人员，专业背景与教学科研能力差强人意，只能以拼凑的方式构建教学与科研人才队伍。更为关键的是学科专业管理人才更是寥寥无几，多为本校成人教育学院或相关行政部门的领导且流动性很大，缺乏既有学科专业背景又通晓学科内涵与外延的"双肩式"管理人才，尽管成人教育学科需要与其他学科或行政管理部门有着密切的联系，甚至某种程度上有利于拓展成人教育学科专业学风建设的空间与视野，有望形成专业学风共建的综合力量，但也意味着学科专业学风建设核心力量的不足与涣散，直接制约着学科专业学风建设的层次与水平。二是学科专业人才队伍建设失重。无论是从成人教育学科全局上或是从各学位点的局部上看，专业人才队伍建设的失重问题比较突出。在全局上，尽管近些年来，学科通过业内种种理论研究会或研究生教育研究会等平台，加快了专业人才队伍培养的步伐，但把重心放在科研人才队伍的建设上，对教学专业人才队伍和管理专业人才队伍的建设就涉及甚少。从局部上看，大多学位点处于一种停滞状态，无论是对外引进或是校内整合，都难以满足学科专业人才阶段建设的要求，更为紧要的是，随着学科内现有的资深教学科研人员的调走或退休，专业人才队伍建设青黄不接的情况不断恶化，甚至一些高校的学位点只有一位专业人员在撑门面，致使学科专业学风建设成为一种摆设和口号。

学科专业人才队伍建设作为决定专业学风建设的主导因素，它的重大差异不仅对研究生学习的兴趣和热情造成冲击，更会对专业学风建设造成"三坚不足"的负面影响。既会造成研究生缺乏坚持不懈的学习精神，又会使研究生丧失坚定不移的学习态度，更会让研究生难以产生明确坚决果敢的学习行为。从调研反馈信息上看，研究生们对此反应相当激烈，而学习兴趣和学习热情又是专业学风建设的精神支柱，任何对精神支柱的冲击都会对专业学风建设产生根本性影响。

（三）专业课程建设滞塞诱发"三学偏向"

专业课程建设是专业研究生教育学风建设的核心，一个科学的课程体系将能有效推进专业学风建设的健康发展，而我国成人教育学专业课程体系还存在一些缺失，主要表现有三方面。一是国际性课程内容简单。在现行的课程体系中，国际性课程虽名列其中，但大多是以中外成人教育比较为主的单程课程，罕见对国际成人教育前沿理论系统化阐述的课程。课程内容多为简单地对中外国家在成人教育管理体制、投资环境、政府职能、学生学习等方面进行硬性比照，或粗线条地描述少数国家地区的成人教育发展史，所引用的资料明显陈旧。而在这些简单描述之后，鲜有角度新颖、立意深远的原创性评价与精辟的诠释，并不能有效地将百年来国际成人教育发展思潮带入课堂，将国际成人教育前沿理论引入教学，研究生难以在历史与现实重合的高度，从不同社会理念的交织中，真正把握国际成人教育的发展脉络。二是专业课程所用教材难觅上乘之作。20世纪版本的专业论著内容相对陈旧，不堪使用。而新版的专业图书，虽数量不少，但罕见对百年来成人教育本土思想进行系统梳理，对成人教育丰富的本土实践进行科学的理论提炼，且符合教学要求的倾力之著。三是新型课程欠缺。在现行课程体系中，少有能对未来成人教育做出既有国际视野又重本土情感的理论畅想，缺乏对未来成人教育实践给出富有价值的运作指南的新型课程，致使课程整体架构缺少时代气息和生机活力。

可以说，专业课程建设偏失当是成人教育学专业学风建设"三学不足"问题出现的主要诱因。"三学不足"问题主要指：（1）学术视野偏向所表现的狭隘性、短视性和移植性问题，使研究生对专业学习个性与特色认识模糊，产生学习方向迷惘。（2）学习内涵偏向所导致的专业与从业脱节的问题，严重打击研究生的学习热情和积极性，对未来发展心存疑虑，失去学习动力。（3）学习实践偏失所引发的动手能力不足问题，客观上造成了研究生理论学习与成人教育实践相隔离状况，以致研究生对专业学习兴趣大减，无效学习现象普遍。上述三种状况的重合，对成人教育学专业的学风建设的冲击就可想而知了。

三、成人教育学专业学风建设的应对策略

上述问题显明，成人教育学专业如何从社会视野出发，在与成人教育改革发展实践互动过程中，推进本专业研究生适应现实、放眼未来，确立学习目标、重塑学习品格、磨砺学习操守，有效提升学习效率与能力，就成为我国成人教育学专业学风建设必须诠释的首要课题。

（一）以"信仰引领"，夯实学科专业学风建设的基础

"信仰领引"就是要按照《教育部关于修订研究生培养方案的指导意见》的相关要求，面向成人教育学科的所有从业人员（包括专兼职教师、各学科层次和学术方向的博士、硕士研究生），持续推进思想政治教育、专业思想教育、职业修养教育、个体道德教育，并对成人教育学科专业人才培养方案进行合理精准的定位与执行，使每一位研究生都能从不同站位、

不同层次、不同需求的差异中,把具有"坚定的学科信仰、坚定的专业信念、坚定的学习信心"作为自我专业学习必有的思想政治品格。一是具有坚定的学科信仰。要求忠诚党的教育事业,以坚定的政治思想意识,自觉把共产主义信仰、中国特色社会主义理论、实现中国梦的信仰融汇于学科的专业学习之中,选择为成人教育事业终生奋斗而无怨无悔。二是具有坚定的专业信念。要求每一位研究生在专业学习过程中,能自觉通过对中外成人教育学科发展历史脉络的回溯,准确把握成人教育学科的文化特征、社会位置和学术定位,在继承和发扬成人教育学科优良学习传统和学术风范的同时,在职业道德、岗位境界和文化创造等方面表现出高度的自强与自信,让"忠诚成人教育事业、忠实履行学科使命、忠勤承担自我责任"成为学科专业学习的主流风范。三是具有坚定的学习信心。每一位研究生都要深刻认识专业学习的使命与责任,所有研究生不仅要做学科专业学习的忠实践行者和开拓者,圆满完成《学科专业研究生培养规划》所要求的各项学习任务,还要成为学科以及学位点服务社会、服务人民、服务师生的纽带,使让党满意、让国家满意、让人民满意成为成人教育学科专业学风建设的心声与追求。

"认识同一"是"信仰领引"的关键环节。成人教育学科专业学风建设所涉及的范畴与环境,不仅复杂宽广,且各项内涵要素之间并没有明显的分界,"交叉、重叠、包含"等现象十分普遍,"似是而非、貌同实异、模棱两可"等情形屡见不鲜,对学科专业学风建设的精准定位带来了很大困惑。因此,要在同一认识的原则下,触及本然地廓清学科专业学风建设的构架边界、价值边界、范畴边界、功能边界,并由此初步构建起相应的专业学风建设评价机制以及对话平台,使学科专业学风建设的定位更为准确和更为实在。

(二)以"平台集成",重廓学科专业学风建设的范畴

在成人教育学科专业学风建设过程中,不同层次和不同类别的专业学习平台都有着不同的功能,需要对这些平台进行系统化集成。换言之,就是要按照专业设置与学习需求对接、课程内容与从业标准对接、教学过程与实践过程对接的原则,把学科业内具有特定功能或特色元素的各类专业学习平台,通过"融合、建模、协同"等方式重新集合起来,强化各类专业学习平台之间的内在联系,改变原有的分散状态,形成一个新的有机整体,并促进整体与部分之间的有机协同,大幅提升专业学习平台在学科专业学风建设中的整体效能。其要点有二:一是耦合各类专业学习平台

的核心功能。要深入了解和把握不同区位、不同类型、不同层次专业学习平台的核心功能,通过加强各类专业学习平台核心功能之间的紧密联系,尤其对相互之间的互补关系、协用关系、传递关系等要有一个整体性把控,并在此基础上进行重新耦合,不仅以此彰显专业学习平台在学风建设中的主体性,且以此形成一种多元核心功能共同支持学科专业学风建设的枢纽环节,或学科专业学风建设的多个环节共用某类平台核心功能的公共耦合关系,以能满足学科专业学风建设的"多元化和多极化"诉求。二是整合专业学习平台的特色元素。要对学科内各类专业学科平台所存在的有一定特色却不能单独作用的孤立性元素进行重新整合,通过改善专业学习平台要素的性能,拓展专业学习平台要素的作用等方式,在各种专业学习平台的孤立元素间,建立起一种"相互独立又相互协同"的纽带关联,共同在学科专业学风建设过程中发挥应然的作用。

"平台集成"的目的在于学科专业学风建设的再创新。在新时代条件下,成人教育学科专业学风建设的各种要素(尤其是人才培养标准、要求、内容、方式等),总是随着社会经济以及产业结构调整和企业技术更新,始终处于一种动态变化中,现有学科专业学习平台的有效性和保鲜期明显缩短,时常产生滞后性和陈旧性的矛盾。要缓解这个矛盾,除了催生更多的专业学习平台外,还要通过"平台集成"对学科专业学风建设进行再创新,特别是通过业界各类专业学习平台要素的重新组合与再生,生成一种能充分彰显学科优质要素和特色功能的专业学风体系,据此变革原有专业学风建设的基因和架构,合成新的专业学风建设内涵与特色,使之更有效和更精确地为成人教育学科创新发展服务。

(三)以"成果调适",重构学科专业学风建设的模式

"成果调适"主张遵循《教育部关于修订研究生培养方案的指导意见》中关于"培养研究生创新能力,综合运用所学知识发现问题、分析问题和解决问题能力"的要求,根据社会经济发展环境的变化,针对不同区域、不同层次、不同类型学科专业学习环境的差异,在不同阶段对研究生相关专业学习成果进行调控,最大化地促进各地区、各院校、各专业学科学习成果之间的互相契合和互相转化,着力降低专业学习成果内涵弱化、成果效能虚化、成果运用浮悬化、成果价值碎片化等风险,构建新型的成人教育学科专业学风建设模式。要做好两个层面的工作:一是专业学习成果的总体规划。不必拘泥于某一种和某一类专业学习成果的类型与来源,而是根据成人教育学科专业学风建设的整体架构,从总体上重新设计

专业学习成果的组合、打造新的专业学习成果序列、完善专业学习成果的配套、形成最具实效的专业学习成果组合方式和最合理的成果应用系统，以此回应学科专业学风建设的现实诉求。二是专业学习成果的应用。成人教育学科内的各级各类学位点，要根据校本学科专业学习成果的实际状况，在非标准化和多元化发展的理念下，科学计量在一定阶段或一个时期内校本学科专业学习成果的总量，以及业内外可能获得的专业学习成果数量与质量，因校制宜和因地制宜地找到专业学习成果需求侧与供给侧的平衡点，实现相关专业学习成果应用范围的最大化、社会价值的最优化、学术影响的最广化，有效提高成人教育学科专业学风建设的高度和广度。

"成果调适"的重点在于中国特色的成人教育学科"专业学习成果共享机制"的建立。它不仅拥有"成果分享、成果汇集、成果流动"等一般性功能，还能在各类成人教育学科学位点之间，形成各类专业学习成果的无障碍流动和无壁垒使用。更为重要的是，它还具有提升专业学习成果创新能力、培育业内专业学习成果创新主体、搭建业内外专业学习成果调控平台、拓展业内外专业学习成果转化路径等特定职能，将学科专业学习成果"共创、共赢、共享"的理念变为现实，引发学科领域内"出成果、出好成果、出大成果"的热情与共鸣，不仅为成人教育学科专业学风建设孵化更多和更有效的元素，也使成人教育学科创新发展的道路变得更为清晰和更为深远。

第六章 专业人才培养是学科建设的时代使命

远溯我国成人教育学科建设的历史脉络,可以发现,专业人才培养已成为决定成人教育学科可持续发展的关键。不仅折射出以往成人教育学科建设中的问题与困惑,更孕育着成人教育学科建设的前景和未来,核心是廓清专业人才培养的内涵与结构,重点是解决专业人才培养过程中存在的现实问题。由此断言,"回归文化重振学风"正是成人教育学科建设可持续发展的关键。

我国成人教育学科专业人才培养担负着极为重要和极其艰巨的时代使命。一方面,既要立足国情、面向世界,紧跟国际成人教育学科发展潮流,探索和揭示世界成人教育学科专业人才培养的规律和我国成人教育学科专业人才培养的个性特色,研讨成人教育学科专业人才培养在社会人才竞争格局中的位置,以及成人教育学科专业人才培养在社会主义市场经济条件下出现的新问题、新矛盾和新情况,为成人教育学科专业人才培养提供理论支撑和实践经验。另一方面,又要构筑我国成人教育学科专业人才培养高地,整合本土成人教育学科专业人才培养的精英队伍,凝聚国内成人教育学科专业人才培养的各类成果,建设成人教育学科专业人才培养的前沿阵地。

本章以成人教育学科专业人才培养所面对的挑战和困厄为切入点,就学科导师队伍建设、专业人才教育模式、专业人才培养质量等现实问题,从理论与实践两个层面进行阐释与论述,阐明专业人才培养是成人教育学科建设的时代使命,为成人教育学科建设注入历史基因和时代活力。

第一节 成人教育学科的导师队伍建设

成人教育学科正迎来一个整体性发展的重要时期,在全国范围内,成人教育学科正跨越地域与校际的界线,展现出全方位的协作与交流、相互影响的发展趋势。然而,在全面协作与交流的过程中,折射出学科导师队伍缺失问题,昭示了学科导师队伍建设的极端重要性和极其迫切性。

我国成人教育学科作为一门新兴社会科学,在动态变化而复杂交织的学科发展态势中廓清学科边界,在交融性甚至对峙性存在的学术资源中探索学科范式,在相互碰撞乃至相互冲突的社会理念及其表现中张扬学科价值,历经艰辛,已取得阶段性成果,据国家研究生教育和学位办公室统计,我国举办成人教育学科硕士研究生教育的高校不断增加,基本上构建起具有本体特色的学科框架和高新人才培养核心。同时,我们又必须看到,在学科快速发展过程中,导师队伍缺失问题也不断凸显,正蜕变为阻碍学科科学与和谐发展的主要瓶颈问题。以现实的眼光和从未来视野上认知,全面推进和实施导师战略已然成为我国成人教育学科发展的历史拐点。

一、导师队伍缺失:成人教育学科发展的历史反思

回溯中国成人教育学科跌宕起伏的发展过程,就不难发现,学科导师队伍建设缺失是一个现实困厄,追根寻源却是一个历史问题,这是与我国高校成人教育长期以来实行的计划经济管理体制和"全面依托"办学模式相伴相生的因果问题。

(一)导师队伍结构缺憾

目前,我国成人教育学科研究生导师队伍结构上主要有两个缺陷。一个是学科导师队伍整体结构阻隔与组织涣散。从社会学视角上讲,学科导师队伍建设是一种社会组织结构建设,必须在目标任务原则、分工协作原则、统一领导与分级管理原则下,在整体上进行合理构架与科学整合,这意味着,学科应以博士点为节点、以硕士点为基线,科学构建学科导师队伍的整体框架,形成规范统一的学科导师群体。然而,尽管我国现有成人教育学科博士点和硕士点20余个,但各博、硕士点之间缺乏有效的纵向交流与横向互动平台。"导师共同体"式的目标任务意识缺位,分工与协作只局限在某种学术领域,统一领导与分级管理还是理想目标,整体上尚停滞在散兵游勇和地摊式发展的层面上。另一个是学科导师队伍整体布局失衡与个体结构断层。目前学科有影响的学术大师和名师大都集中在诸如华东师范大学等一些名校,而普通高校学科硕士点鲜有大师名师,特别是一些新建立的高校学科硕士点和正在申报的某些高校学科硕士点,导师队伍有名无实,或名强实弱,甚至名存实亡,导致学科导师队伍在整体布局上严重失衡。就学科个体而言,按照学科建设规范要求,个体

学科导师队伍应以本学科学术大师或学术带头人为核心、以学术骨干为基础,建立一支学术结构合理又具有个体特色的本土化导师梯队。但学科硕士点导师梯队结构断层现象普遍,不少学校通常只有两位甚至一位导师支撑场面,极少数学校学科硕士点仅有一位新入行的研究生维持,大都用聘请其他学科师资的方式以解教学燃眉之急,而仅靠聘请其他学科师资力量,又难以蝶化出一支结构合理的高质量的本学科导师梯队。

学科研究生导师队伍结构缺憾的产生有着复杂的历史因素。直接原因就是在我国高校成人教育领域内至今仍广泛实行的"全面依托"办学模式。站在历史高度上纵览我国成人教育学科发展脉络,可以说成人教育学科是高校成人教育发展的必然结果,但高校成人教育自诞生伊始,就是以"全面依托"全日制教学与师资办学为主要运行模式,除少数重点高校外,大多高校成人教育均没有建立相对独立的师资队伍,教学师资主要来自各教学学院。高校成人教育学科的建设和发展,没有现成的师资力量可以依赖和利用,必须另起炉灶,重建学科师资队伍,"十年树木、百年树人",这又注定是一个曲折艰难的漫长历史过程。

（二）导师队伍总量不足

导师队伍总量不足是困扰当前成人教育学科建设与发展的重要现实问题,据粗略统计,在我国成人教育学科 20 多个博、硕士点中,有着重大社会影响的学术大师和名师不足 10 人,各点专业师资总数不过 50 余人,虽然,近年来一些高校成人教育学科通过各种方式培养或引进了部分研究与教学人员,许多高校成人（继续）教育学院的领导也相继担任了学科导师或导师组长,并承担了部分专业课程教学任务,但从整体上看,学科现有的导师队伍不仅稳定性差,而且总量不足,远不能满足学科未来发展对专业化导师队伍的量的需求。

学科导师队伍总量不足与高校成人教育现行的计划经济管理体制密切相关。首先,在高校计划经济管理体制中,作为学科发展主要基层组织的高校成人教育研究所,大都是学校成人教育学院的挂靠机构或科级行政机构,虽有学科硕士点建立也难改变行政机构性质,人员不仅少且均为行政人员编制,虽有学院领导的大力支持和积极参与,但受成教学院人员编制数和行政机构性质制约,学院难以在编制外争取增加人员,尤其是教学科研人员,且作为行政管理机构,学院领导和人员交流与调动频繁,学科点难以在短时期内通过培训、进修、重组等方式,建立一支能满足学科教学科研需要的、相对稳定的本土化导师队伍,这种现象的普遍性,最终演化为学科导师队伍整体数量严重不足的窘况。其次，从学科建制上看，成人教育学科隶属于教育学科体系，但成人教育学科发展的基础却是高校成人教育实践，而在许多高校中，教育学科至今尚未留给成人教育学科一席之地，教育学科的本科教育也从未开设过成人教育课程，在学校、学院、教师群体中轻视和无视成人教育学科的现象十分普通，在教育学科中从事成人教育学科研究的教师更属凤毛麟角，成人教育学科与普通教育学科基本上处于"鸡犬之声相闻，老死不相往来"的隔绝状态。实践表明，正是由于学科产生的学术与社会基础的差异，把教育学等其他学科的师资引入成人教育学科领域，或打算把成人教育学科开进教育学科，进而扩张学科师资总量的想法，在很大程度上还只能是大多高校学科点的"一厢情愿"。

（三）导师个体学术素质差异

学科发展要求以人为本，在所有影响或制约学科发展的因素中，以导师为表象的人的素质是一个最为重要和最为关键的要素。从成人教育学科本身来看，成人教育学科作为高校新型的教育类学科，具有明显的实务性特征，要培养的是面向社会、面向市场从事各类成人教育管理、科研或教学的高新人才，作为一项高层次的育人事业，这就要求学科导师除了具备渊博的学科专业知识外，还应具有丰富的成人教育实践经验，但这种"双师型"师资在成人教育学科现有的导师队伍中比例实在不高，不同学校或同一学校学科导师个体学术素质差异很大。

深入透析，素质差异主要表现在两个方面，其一，学科素质差异。学科功底是评价导师素质的基本尺度，在某种程度上决定导师在学科发展中的地位与作用。但在许多高校学科点中，教育学科或相近学科"科班出身"的导师寥寥无几，多为"半路出家"，从外学科甚至自然学科调入，这虽然在某种程度上有利于学科间的跨越，有望形成学科交叉力量，但也意味着这种适应和转向，导师个体必须付出相当长的探索时间和艰辛的个人努力，这对学科兼职导师或担任各级领导职务的导师而言就显得有些苛刻。其二，实践素质差异。各学科点的导师队伍中，由于个体的经历、学历、阅历不同，在实践素质上有着相当大的差异，在学科导师队伍中，一些导师是从外学科聘任的，基本没有成人教育实践经验，学科实践素质空白；一些导师虽有教授、硕士生导师甚至博士生导师头衔，却是从其他学科调入的，学科重心仍在其他学科，对成人教育实践认识还滞留在感性认识上，而经历过我国成人教育改革发展全过程和从事过成人教育各项管理工作,具有丰富实践经验的学科导师实属凤毛麟角。

　　学科导师学术素质差异,反映出社会和学校对成人教育的学科歧视和传统偏见。在社会和学校一些人的眼光中,成人教育只是一种补偿教育或另类教育,把成人教育作为学校创收重要项目的观念根深蒂固,对成人教育学科建设的性质和意义,不了解、不理解,甚至把成人教育学科建设与成人教育等同起来,始终未能把成人教育学科导师队伍建设纳入学校师资建设体系之中,给予积极的政策倾斜和人力物力的支持,以至许多学校的学科导师队伍建设还处于单兵作战境遇中,而在现时的市场经济条件下,导师队伍建设实质上是一种以诸多社会资源和物质资源为载体的经济活动,单凭个人的努力奋斗是不可能造就一支规格同一、素质全面的导师队伍的。

二、导师形象设计:成人教育学科发展的现实期待

　　从社会学认知,"形象"是学科导师整体或个体精神面貌和个性特征物化表象,集中体现学科导师队伍建设的层次与水平。导师作为学科运行与发展的主要因素,导师形象设计实质上是对导师教学能力的重新评价、科研能力的重新构架和思想品德修养的重新亮色,它决定学科未来发展的深度与广度。

(一)教学形象设计

　　教学形象是学科导师的首要形象,它既是导师自身积淀的专业知识、教学能力、学术修养独具匠心地融会与创造的外化和展现,同时也是学科根据有关教学计划和教学大纲要求对导师教学过程和教学成效的顶线评价和标准要求。因而,导师教学形象设计至少包括三个方面的要求。

　　一是出色的课堂教学表现艺术。导师能以特定场合(主要是课堂)为表现平台,以教材内容为表现范畴,以研究生为表现对象,以自身语言,语态、形态为载体,对教材所特定科学文化知识(包括文学知识、理论知识、科学知识等),对一个理论体系的总体面貌、内在规律和基本构架进行全面阐释和传授,从而唤起研究生对本学科知识的联想与渴望,形成学术审美意象。

　　二是深厚的教学过程设计功底。导师能根据学科教学的基本规律,把研究生培养的基本质量规格和导师教学特色相结合,把教学内容与研究生学习心理、学习水平、学习需求联系起来,精心设计既能充分发挥导师教学风格又能适应研究生学习实际的教学结构体系。同时,又能根据

研究生培养方案要求和教学内容的难易,以学科教学规律为基础,以适应研究生学习心理规律为核心,精心编组学科不同课程的教学程序,并随着教学的进程,适时更新、调整教学结构和充实教学内容,实现教学效果的实效性、多样性、互动性。

三是高超的教学内容整合能力。导师能因人而异,因教学内容而异,将教学内容尽可能完满地传授给研究生。无论教学内容多么丰富感人,多么严谨理性,导师都能以高屋建瓴之势,把教学内容纳入自己的理论归纳与重整之中,经过梳理加工,去粗取精,组合一个比原教学内容更为精美、更有条理、更有层次、更为完整的全新知识体系,以便充分挖掘出蕴含其中的科学美,形成感性、理性、情性三位一体有机融合而成的教学情境。

(二)科研形象设计

科研形象是学科导师形象的重要构成,是学科导师内在的相对丰满的通识知识、扎实的专业知识基础、深厚文字表达功底、丰富的实践经验等基本素质的长期积淀、有机融合的必然外化表现,其特色有三。

第一,具有宽广的学术视野。导师能主动把学术研究与成人教育实践相结合,彻底清除既往学术研究中出现的移植与套用、照搬与前缀其他学科的理念而失去自我的学术研究行为方式的沉疴痼疾,昂首走进缤纷靓丽的成人世界,自觉运用唯物辩证法的归纳与演绎、分析与综合、抽象与具体、逻辑与历史的统一等思维方法,深刻地解读与探究成人范畴,突出成人教育研究主体地位,注重成人教育的本质、功能、地位、作用等基础性研究,创新成人教育学的概念、判断、推理,以丰满现有的成人教育理论体系。

第二,具有与时俱进的科研创新精神。导师能从更为广阔的视野阐释学科基本理论,在汲取社会学、教育学、心理学以及自然科学营养的基础上,结合本学科发展实际开展有的放矢的创新性学术研究。在创新性研究中发现新的研究对象,或拓展原有研究对象的范围,或提出新的研究问题的视角和思维方式,或提出新的问题、概念、范畴、命题和观点,进而形成新的独立的别人无法替代的言说方式和表达方式。

第三,富有坚持真理的学术勇气。导师在学术研究中能自觉地运用唯物论与辩证法,善于从复杂纷争或人云亦云的社会学术思潮中发现问题,提出问题,为寻求真理而坚定不移。敢于逆潮流而上,面对来势汹汹的伪科学、伪理论,能以大无畏的气魄,旗帜鲜明地提出自己的学术观点。勇于锐意进取,不能满足于个人的局部经验或阶段性成果,孜孜不倦地探索学科的普遍真理和终极规律,为学科的整体发展添砖加瓦。

（三）道德形象设计

道德形象是学科导师教学形象与科研形象的内在基础,是导师的政治水平、思想见地、价值取向、道德情操等素质特征的能动反映。一个导师的思想境界、政治水准、道德素养、眼界见识越高,所造就出来的教学形象和科研形象就越动人、越清晰、越优美,社会效果就越突出、越强烈。

首先,有较高的政治思想水平。发扬马克思主义学风,坚持以习近平新时代中国特色社会主义理论为指引,重视学习、刻苦学习、善于学习,不断提高自己的理论水平和工作能力。坚持用党中央提出的一系列重大战略思想指导实践,坚持解放思想,实事求是、与时俱进,自觉把思想认识从那些不合时宜的观念、做法和体制的束缚中解放出来,努力通过学习贯彻党中央提出的一系列重大战略思想不断开创工作新局面。

其次,有良好的职业道德。忠诚党的教育事业,把党中央提出的教育重大战略思想,全面贯彻落实到教学、科研等各项工作中去,转化为教书育人的能力、科研创新能力和学科建设能力。始终牢记"四个服务"的宗旨,以"敬岗爱业、为人师表"为逻辑起点,不畏艰难困苦、勇于开拓、脚踏实地,不断加快知识更新,优化知识结构,提高专业素养,成为本职工作的行家里手。

最后,有高尚的思想修养。在市场经济环境下,树立正确的世界观、人生观和价值观,坚持用科学理论改造主观世界,自觉践行社会主义核心价值观,加强思想道德和品行修养,讲操守、重品行、树正气,始终保持健康的生活情趣和向上的精神追求,坚决抵制拜金主义、享乐主义和极端个人主义等各消极思潮的侵蚀,廉洁奉公,谦虚谨慎,不计功利,保持艰苦奋斗、勤俭节约的革命本色。

三、导师战略实施:成人教育学科发展的未来诉求

立足现在又面向未来,为成人教育学科可持续发展培养和造就一支高素质的导师队伍,是学科导师战略的核心目标与历史使命,其关键是要在导师培训模式、导师培养机制和导师素质评价体系等方面有所创新和突破,构建独领时代风骚又张扬学科特色的导师培养体系。

（一）构建"战略联合"的导师培训模式

所谓"战略联合"导师培养模式，是指在学科现有师资资源和教育资源状况下，为了加快导师培养进程和提高导师培养质量，抓住当前我国社会经济转型的重大机遇，在本学科领域内，通过优化整合，全面盘活各学科点现有教育资源存量，发挥学科资源聚集优势，共同投入合作培养学科导师，进而打造本学科导师培养特色的一种形式。"战略联合"根据建立的层次和方式不同可分为区域性战略联合与整体性战略联合两种。

区域性战略联合是指，本地区或相近地区的两个或两个以上的高校学科点为了培养具有本土化特色的导师队伍，通过"资源置换、师资交流"等方式，共同投资而建立的一种新型的导师培养联合体。区域高校学科点可通过区域内高校学科点之间的"学者互访、学术合作"，或定期召开各种导师培训研讨会，或经常性地通过各种渠道，在区域学科点之间就本省、本地区、本高校学科点导师培养信息、成功经验、新的发展思路等进行交流、切磋、探讨、抛砖引玉、取长补短，实现有关学科点导师在合作中培养、在培养中发展，从而实现提高区域内高校学科点导师培养的整体水平和层次的目标。

整体性战略联合，是学科导师培养体制的创新，是在学科统筹规划下的一种新型导师培养模式和运行机制，又是一种新型人才培养理念。其核心是以世界和未来的视野树立导师培养整体化理念，以建立全国性学科导师培养机构"成人教育学科导师建设协会"为主要平台，对所有学科点的师资队伍建设和师资培养资源在整体化和统一规划的框架内进行重新整合，明确培养目标，确定培养方向，积极地把不同高校学科点的导师建设目标和培养方案纳入学科整体师资培养大构架中去，通过定期举办全国性和行业性的不同层次的学科师资培训班以及全局性的不同主题和不同形式的学术报告会、理论研究会等方式，有计划、按步骤、分层次、多批次地进行学科导师队伍建设，力争在最短时期内打造一支规格同一、相对稳定、高素质、创新型的专业导师队伍。

（二）建立"三基互动"的导师培养机制

就导师个体而言，在学科领域内全面推行"三基互动"的培养机制，是提高导师个体综合素养的重要方式。其核心是以导师自我提高为基本、以成人教育实践为基础、以交流互动为基点，"三基"之间既相互依存、又相互促进，共同生成学科导师培养绿色生态。其表现形式有三。

一是突出"以人为本"。在这培养机制中,始终把导师摆在主体地位,在尊重导师个人愿望和个人差异的基础上,强调导师个性的自我实现与自我张扬,把导师视为发展中的、富有潜力的、整体性的人,鼓励和促进导师个体根据教学科研需要与自身基本现状,自主选择学习方式、学习环境、学习内容,为导师营造一种平等和谐与自由向上、自我提高与协作交流的发展生态,充分体现导师的主体人格。二是导师培养与实践互动。成人教育学科作为建立在成人教育改革发展实践基础上的社会科学,导师个体素质的提高离不开实践的营养。从某种意义上说,提高学科导师的综合素养,实质上是提高导师教学能力与科研能力,而两种能力的提高,仅依靠自学和传授的培养方式是不可能获得的,自学方式只能使导师获得书本知识,只能是前人知识的简单复写,传授方式只能使导师获得陈述性知识和信息,而缺乏实践性变式练习,导师难以在思维空间里将所接受的知识转化为教学和科研能力。从认识论角度上看,不同认知必须在不同的现场才能获得,真正的学习发生在参与成人教育实践的过程中,以普遍性与特殊性的实践事件和实践难题为切入点,引导导师在实践中去发现问题、解决问题,丰富经验,将理论问题转化为导师应对复杂成人教育实践现状的能力。因而,以成人教育发展实践作为学科导师培养基础具有极端重要性。三是导师个体间的互动。在导师培养过程中,不仅要求导师培养与成人教育实践互动,而且强调导师个体之间的交流与互动。通过搭建网络与现实平台或开通绿色通道,鼓励和推动本学科点导师之间和各学科点导师之间的交流与互动。在交流与互动中,促进不同学科点的导师个体之间教学经验、科研成果的相互交流,取长补短,形成相互学习、互相促进,共同提高的良性循环,从而有效消除学科导师存在的个体差异。

（三）构建"发展性"导师素质评价体系

要构建符合现代社会经济发展需求和学科发展目标要求的学科导师队伍,就必须回应时代的呼唤,构建一套科学合理的导师素质评价体系,为高素质导师队伍的形成创建生态环境,而在诸多评价体系中,"发展性"导师评价体系则是理性选择。

发展性评价体系是面向社会和面向未来的评价体系,是一种依据导师培养目标、重视导师培养过程、及时反馈评价信息、促进导师教学科研能力发展的形成性评价。主张在社会发展的大视野中,根据学校学科建设发展规划,结合本学科现实状况,用动态和发展的眼光,对导师综合素养进行持续性评价。在这里，对导师综合素质评价的目的，不再是给导师分类，把导师分成三六九等，而是要为导师提供各种反馈信息，促进导师对自己的能力、素质、修养、行为等进行反思，全面了解自己的优势与不足，从而不断填补素质空白和能力盲点，达到提高个体综合教学科研能力与水平的基本目标。

发展性评价体系有着鲜明的时代特征，它不仅关注导师个体与整体之间、个体导师之间的差异，更注重导师素质培养与社会发展、学校学科建设标准、本学科发展要求之间的差异，并根据这种差异确定个性化的评价标准、评价重点、评价方法。不是制定一个统一标准，然后将所有导师的素质表现与之相对照，判定其优劣或是否合格称职，而是将导师的素质表现与原有的素质基础相比较，对不同发展阶段的导师，有针对性地提出改进建议、发展目标、进修需求等，使导师在成功的体验中不断改进。同时，发展性评价突出导师在评价中的主体地位，强调导师的积极参与，把评价指标体系建立和评价内容确定过程，变成导师自我教育、自我学习、自我提高的过程，促进导师自觉提高自身教学科研的综合素质和创新能力。

第二节　成人教育学科专业人才教育模式

"动态培养"是成人教育学研究生教育对建设创新型国家和人才强国战略的积极回应，它通过构建"多元互动"的教学体系，揭示出当代研究生教育动态发展和科学发展的大趋势，在阐释师生互动、生生互动、知行互动、学科互动和学研互动等概念的过程中，折射出成人教育学研究生教育创新的重要性和迫切性。成人教育学研究生教育作为我国创新型人才培养的重要载体，在建设创新型国家的时代背景下，如何遵照人才强国战略要求，全面推行创新教育，着力提升研究生的创新能力、点燃研究生的创新激情，使之成为引领时代潮流、建设创新型国家的砥柱，已然成为当前成人教育学研究生教育的首要命题。

一、"师生互动"的教学模式

"师生互动"的基本要求是，在学科研究生教育过程中，一方面，建立以生为本的学科教学体系，即根据成人教育学科人才培养的对象和目标,在教学形式设计中,把研究生的学习需求放在显要位置,坚持探究研究生教学规律,制定多层次的学习目标,并在此基础上产生一系列以研究生为主体的教学理念、教学方式、教学平台,由此生成凸现学科共识的教学体系和培养方式。在外延上廓清教学主体认知边界,在内涵上揭示教学主体的本质特征,建立一个以研究生为逻辑起点和落点,又彰显学科特色的现代教学语境。另一方面,要求导师在以生为本的教学原则下,按学科方向或学习需求的不同,把研究生分成人数不等的大小群体,组成一个以导师为主导,研究生为主体,进行教学与科研的学习群落。在这个群落中,导师的任务就是进行互动式学习平台建设,通过设计各种丰富多彩的学术交流、科研合作、实践调研平台,促进导师与研究生之间的教与学、知与行的多向互动,让研究生克服传统培养模式中过分依赖导师,或单打独斗的缺陷。

在"师生互动"过程中,导师的指导作用表现有三:一是以特定场合(主要是课堂)为表现平台,以教材内容为表现范畴,以自身语言、语态、形态为载体,对教学中所规定的科学文化知识包括文学知识、理论知识、科学知识等就一个理论体系的总体面貌、内在规律和基本构架进行全面阐释和传授,从而唤起研究生对本学科知识的联想与渴望;二是根据学科教学的基本规律,把研究生培养的基本质量规格和导师教学特色相结合,把教学内容与研究生学习心理、学习水平、学习需求联系起来,精心设计既能充分发挥导师教学风格又能适应研究生学习实际的教学结构体系。同时,根据研究生培养方案要求和教学内容的难易,以学科教学规律为基础,以适应研究生学习心理规律为核心,精心编组学科不同课程的教学程序,并随着教学的进程适时更新、调整教学结构和充实教学内容,实现教学效果的实效性、多样性、互动性;三是因人而异,因教学内容而异,将教学内容尽可能完满地传授给研究生。即导师能以高屋建瓴之势,把教学内容纳入自己的理论归纳与重整之中,经过梳理加工,组合一个比原教学内容更为精美、更为完整的全新知识体系,形成感性、理性、情性三位一体有机融合而成的教学情境。

二、"生生互动"的学习情境

据统计,近年来我国成人教育学硕士研究生教育生源结构呈多样化趋势,由规格相对同一的教育学科或相关专业的毕业生群体,向具有不同教育类型出身和不同学科专业背景的混合体方向转变。在混合体的研究生群体内,不同个体在专业知识、基础知识、人文知识等方面既存在差异又各具专长。因而,如何使这些不同素质又各有特色的研究生群体之间互动起来,相互间取长补短、相得益彰,就成为"动态培养"的重要内容。而"生生互动"正是针对这个现况,强调既关注个体的基本素质,又兼顾个体专业特长,通过精心设置各种学习语境和科研平台,为不同素质和不同特色的研究生个体之间构建一种心灵碰撞与素质对接的桥梁。

"生生互动"是指导师在一定教学目标指导下,通过课堂教学或多边学术活动,促进同一班级和不同年级的研究生个体之间进行交流与互动,促进研究生群体间的"个体示范、特长吸引和素质平衡"的有机融合,形成"课堂交流、课后互助、多边互通"的学习方式。个体示范是要突出一些综合素质、专业素质比较好并有专长的研究生的示范作用,把他们作为本年级或全学科的生生互动的基本力量和重要节点,通过他们的现身说法和身体力行,把自己的学习方式、学习心理、学习成效介绍给大家,在研究生群体之间产生一种示范作用,在学习中形成"学有榜样、赶有目标"的互动生态。特长吸引是在研究生群体中对研究生个体所拥有的不同专业或学术及其他特长进行必要分析,对一些有普遍学科意义或学习技能的专长,要在加以培植的基础上给予发扬光大,使之对其他研究生产生吸引力,促使其他研究生根据自己的发展需要或学术爱好,有的放矢地选择一些专业特长或技能特色进行学习或模仿,从而使研究生群体中特长生的比例不断增长。素质平衡是强调通过研究生个体间的多边互动和学习互助,使研究生个体能发现和正确认识自己专业素质或知识结构的不足与缺陷,在与其他研究生的互动或交流中,自觉地有的放矢地拾遗补阙,不断丰满和完善自己的知识体系和素质结构,从而拉近与其他研究生素质的差距。

在"生生互动"过程中,个体示范是主线,特长吸引和素质平衡为辅助,在行进中由个体示范向特长吸引和素质平衡两端延展,形成研究生群体良好的学习氛围。在这个学习氛围内,研究生个体之间通过学习理念、学习方式、学习目标、学习精神等方面的交流与互动,形成相互作用、相互影响、相互补充的良性学习生态,有效填补个人知识盲点和素质空白,生成新的知识点和素质能力。同时,在个体的思想碰撞和心灵交汇中,产生新的认识境界,形成新的世界观、人生观、价值观。

三、"知行互动"的培养取向

陶行知先生的"知行合一"教育理念,在我国教育界产生了深远影响,多种教育都把此作为教书育人的一项基本原则,成人教育学科也不例外。

就成人教育学研究生教育而言,仅有知行合一是不够的,还须促进知行互动。这里所强调的知行互动,是对知行合一理念更深层次的解读和把握,不仅肯定知行合一的重要性,而且进一步阐述和推崇知与行的辩证关系,突出知与行的动态发展。

从哲学角度上说,人的认识本身就是一个由"实践—理论—再实践"的多次反复和无限发展过程。因而,在学科研究生教育过程中,由于研究生们现有的思想认识和专业学术水平的局限,要使研究生个体或整体的知或行一次性到位或同步发展是不现实的,他们的知或行的提升与发展是一个非线性的曲折过程,在这个复杂螺旋式和波浪式上升过程中,"知"与"行"的相互依托、相互作用、相互促进应是人才成长的主要动因。从现实看,学科研究生教育面对的是广阔的社会舞台和变幻莫测的市场经济环境,研究生毕业后所从事的事业需要以学识、能力、风范、人品、德性和为人处世方式树立自己的社会品格。而这种社会品格的形成并非个体的学识能力与为人处世行为方式的简单叠加,而是个体的价值理念、思想认识、道德意识和学识水平、能力素质的有机融合。知行作为造就个体社会品格的主渠道,需要研究生个体在与社会经济发展的磨合中不断修正和提高自己的思想道德和处世能力水平,这无疑是一个知行之间的此增彼长、相互制约又相互促进的成长过程。

从上述意义上可以肯定,"知行互动"应是学科研究生培养中"动态培养"的价值取向。在研究生教育过程中,应严格按照人才培养规划目标和教学计划,坚持知与行相结合原则,形成"求知勿忘修行,修行更重求知"的良性循环。即学科应按人才培养规划要求,设置学位课程和非学位课程,为个体求知,同时又根据社会经济发展的要求,依据所培养人才的社会定位,引导他们积极参与一些社会公益、教育实践、科学研究、文化体育、法律法制等活动,为他们营造一个知行相融的校园环境,使他们在课堂学习与社会实践的穿行中以知促行、以行求知,从而在"知行互动"的情境中最终达到知行完满合一的理想境界。

四、"学科互动"的学术诉求

成人教育学研究生教育,是培养适应 21 世纪我国成人教育事业改革发展的要求,具有创新意识和开拓精神,厚基础、宽口径、高素质、强适应,德、智、体、美、劳全面发展,面向高校、科研机构、管理机构及相应事业机构,从事成人教育、教师继续教育的教学、管理、科研等方面工作的高层次专业人才的研究生教育模式。要实现这个培养目标,仅有成人教育学科方面的知识是远远不够的,需要有多学科的前沿理论和科研成果的支撑。这就要求研究生教育驱动交叉与互动的双轮,通过学科的交叉,将本学科在跌宕起伏发展历程中所凝练的优势与特色,以时代的标准和宽阔的视野进行理性梳理与哲学归纳,用现代学科理念塑造学科范式的新形象。与此同时,在与其他学科的互动中,以海纳百川的学术诉求,发扬敢为人先的创新精神、格物致知的求知精神、求真务实的实验精神,不断用其他前沿学科或成熟学科的先进理念、科研成果丰富本学科的内涵与结构,进而取得原创性成果和实质性进展,廓清学科边界。从上述认知发散,坚持"学科互动",无疑是学科研究生教育创新的不二选择。学科互动的作用主要表现在课程体系建设方面。第一,以学科互动促进课程体系结构的优化。目前,本学科现行的课程体系基本由公共课、基础课、专业课、选修课四个层面结构而成,以"动态培养"的要求来衡量,就存在着局限性和固态化的缺陷和倾向,需要学科互动来优化结构。第二,以学科互动推动课程资源体系的互补。学科互动有利于学科在课程设置过程中突破传统观念,对本学科课程设置模式进行深度调整。在以本学科基本理论为原点的基础上,通过与其他类型学科的课程资源互动,大胆吸纳教育学、社会学、经济学乃至自然科学的最新成果和学术前沿,通过借鉴与创新,生成诸如成人教育社会学、成人教育经济学、成人教育人才学、成人教育艺术学、成人教育文化学等新型课程,充实和完善现有的本学科课程资源结构。第三,学科互动加速课程体系与社会发展的互动。学科课程体系建设必须符合社会发展的要求,反映社会经济发展、科技文化进步的趋势与取向。只有在学科互动中,成人教育学科才能了解其他学科的发展现状、前沿地位、最新成果和价值取向,确定本学科的学科地位和社会定位,从而揭示课程建设问题的表象与本质的逻辑关系,科学地界定课程体系结构和发展取向。

五、"学研互动"的育人机制

在高校研究生教育中,"创新教育、创造教育"等理念引起社会和学校的普遍关注。但从成人教育学科研究生教育所肩负的国家使命和人才培养定位上看,所要培养的是创新精神、创新能力、创业激情、创业行为完美结合,足以应对将来社会经济发展和市场风云变幻的创新型人才,这需要一种真正符合社会要求与学科研究生教育现状的务实性和战略性的人才培养机制。从这个视角上看,"学研互动"育人机制正符合未来社会经济发展和成人教育学研究生教育要求,是成人教育学研究生教育高素质、创新型人才培养的最佳中介与桥梁。

"学研互动"培养机制,强调学科研究生在学业进步的同时,通过推动两个方面的学研互动,有效培养研究生的科研能力。一是推动教学与研究相融。导师或课任教师在进行日常教育工作中,自觉地把教学内容与理论研究无缝对接。一方面,让每门课程的基本理论与成人教育重大现实问题相联系,以基本理论凸显现实问题,在基本理论与发展实践的相互比照和相互差异中给学生留下充分的思考余地和探索空间,以提升他们的洞察与分析能力。另一方面,在教学中通过引导学生收集和归纳本学科研究领域的前沿信息和发展走势,引申出当代成人教育发展实践的成功经验或存在的问题,让他们以学科的基本概念和基本范畴为基点,围绕这些经验或问题各抒己见亮出自己的观点和看法,使他们都能在不同的观点或视角的争鸣甚至冲突中提升自己的认知与能力。二是研究与实践相通。学科研究生教育中要把成人教育实践引入学研互动机制之中,在专业理论学习的同时,为研究生提供必要的研究手段和实践环境。即从入学之日开始,就有计划、有步骤地安排他们参与本校成人教育有关实践性活动,经过一段时间锻炼后,根据研究生个体的不同学习需求和科研方向,把他们分派到成人教育学院相关职能部门作为主任助理或科长助理,参与本部门的规划制定、行政文秘、制度建设、专业设计、课程设置、学籍管理等实质性工作,让他们在与成人教育实践零距离接触的过程中,熟悉成人教育管理工作流程,增长实际管理才干,进而开展有专题、有目标、有要求的科研活动,使其在实践中完成由感性认识到理性认识的飞越,历练与积淀出个体的科研能力。

"学研互动"是动态培养的本质要求,其基本目标是从根本上改变以往研究生教育中出现的"重理论轻实践、重专业轻能力、重成绩轻科研"的状况,张扬成人教育学研究生教育的理论联系实践的基本特征。在学研互动机制中,学研相融是基础,研实相通是动力,通过两者的相互衔接、相互促进,使每一个研究生都能在学研互动的情境中自觉完成从研究生到成人教育工作者的角色转变。

第三节　成人教育学科专业人才培养质量

纵观成人教育学科发展脉络,专业研究生培养质量不仅是一个比较概念,更是一个发展体系。在这个体系中,研究生学习质量具有举足轻重的地位,起着振弱起衰的作用,把学习质量转化成培养质量无疑是专业人才培养的第一要务。因而,从理论与实践的高度,对成人教育学专业研究生学习质量问题进行理性分析和深度探究,具有重大的现实影响和深远的历史意义。

我国成人教育学专业研究生教育作为人才培养的高层次教育,起源于社会经济发展的要求,其培养质量也就不能独立于社会经济发展之外,必然受到社会和学术界的高度关注。从社会视野着眼,在成人教育学专业建设与学科发展实践中,研究生学习质量应是培养质量的核心要素和生成关键,探究专业培养质量就必须首先解读学习质量。通过对专业研究生学习内涵与外延的深层透析,对形成学习质量的基本要素进行立体把握,进而为提升整体培养质量奠定基础,已然为成人教育学专业研究生培养必须诠释的首要现实课题。

一、学习质量新知:成人教育学科研究生培养意蕴

就成人教育学专业而言,学习质量不仅是专业研究生学习优劣程度的简单比较或抽象评价,更是专业研究生学习目标的调整、学习品格的优化和学习风范的磨砺。因而,对学习质量概念的重新认知,应是我国成人教育学专业研究生培养质量核心意蕴所在。

(一)与时俱进的学习目标:学习质量之本

成人教育学专业研究生的学习,肩负着推进我国成人教育事业发展的历史使命与社会责任。这就意味着,成人教育学专业研究生的学习目标必然是融学习理念、学习取向、学习需求、学习方式为一体,彰显成人教育学专业本质、特色及优势的学科目标体系。其核心是要在动态变化而复杂交织的社会变革中抉择正确的学习目标,在纵横交融而又广阔无垠的专业范畴中规划合适的学习方向,在多维时空与多元责任的融合中明确合理的学习任务,关键则是从理想与现实两个层面上进行理性把握和努力奋进,从学科理念与学习现实目标设计中得到启发,制定可行性学习任务和实行可持续性学习行为,有力推进个体或群体专业学习与学术研究的快速发展,进而为促进专业研究生个体乃至整体的学习质量提升和构建专业高层次人才培养体系,提供现实依据和理性导向。

研究生学习目标,从现实层面来说,是要从专业学习与通识学习两个方面入手,在公共课程、学位课程、实践课程、社会课程、自选课程的不断变式与反复切换中,构建符合学科人才培养要求又符合成人教育发展实

际的学识体系,进而形成能满足社会发展要求和未来挑战的综合素质体系和应变能力系统;从远景上讲,则是以哲学思辨为主线,以研究生教育创新为动力,以专业研究生人才培养目标为底线,以建立科学的专业研究生学习特色体系为价值取向,深度研究成人教育学专业研究生学习实践,探索一条新的科学化、规范化的学习路径,根据成人教育学专业研究对象和教学内容,提出一系列具有自身特色的不同层次的学习理论、学习概念、学习范畴及学习方式。这表明,构建一个方向明确、重心确立、意境高远的专业研究生学习目标,有利于在外延上廓清研究生学习质量的范畴与边界,在内涵上揭示研究生学习质量的要素与构件特征,进而为生成一个规范同一的专业学习质量与评价体系奠定基石。

(二)坚韧不拔的学习品格:学习质量之源

我国成人教育学正式作为一门学科而立于社会科学之林,以及正式启动成人教育学科研究生教育只有近二十年时间。社会、学校和研究生对成人教育学专业研究生教育不了解、不知情、甚至不知道,整体认识还处于模糊阶段,或凭空想象地把成人教育学专业研究生教育与成人高等学历超时空连接起来,或把成人教育学专业与大学后继续教育混为一谈,或主观臆断地把成人教育学专业列为高校研究生教育的另类或末位等的社会非主流意识还大有市场。成人教育学专业研究生作为我国成人教育事业的新一代建设者,要在复杂和严峻的社会意识环境中进行有效性专业学习,无疑需要具有比其他学科研究生更为坚韧不拔的学习品格。

自信是成人教育学专业研究生学习品格的核心,是研究生现实学习和未来事业发展与成功的基础。研究生要有坚韧的自信心和强烈的使命感,对自己所选择的学习专业、人生道路和未来事业充满自信,以坚持不懈的拼搏勇气,坚信成功源于奋斗,有志者事竟成。这就要求研究生们树立正确的世界观、人生观和价值观,确立坚定的理想和信念,把握好正确的政治方向,摆正自己的位置,养成健全的人格,决不妄自菲薄,在学习、科研以及社会活动中以自信、自强、自重的底气和信念,充分发挥自身的优势,真正融入学校、融入社会,融入成人教育事业。

自立是成人教育学专业研究生学习品格的基石,也是研究生学习和实现学习目标的基本前提。对研究生个体而言,成人教育学专业是在全新的学习环境中面对着一个未知王国,将会遇到无数的难题和来自各方面的挑战,这就要求研究生在新的学术环境中学会学习与解读专业,寻求符合个人现状又适应专业要求的学习方式和学习路径,注重在平凡的学习中彰显自我优势,尽快提高克服困难、应对挑战的综合能力,正确解决学习、科研和实践的矛盾,处理个人、导师、学科之间的关系,适应新的学习环境,融入新的学习生活,重塑人生之路,完成由大学生、社会工作人员到研究生的社会角色转变,为自己设计一条和谐、健康、向上的成才之路,并由此不断丰富自己的学识体系,提升把握未来的综合能力,成为名副其实的当代研究生。

善于学习是成人教育学专业研究生学习品格的关键,也是研究生完成专业学习任务和实现人生理想的桥梁。研究生只有善于学习,才能在专业学习中有所造就,成为一个能够把握机会的强者、敢于创造机会的勇者、善于利用机会的智者,在今后激烈的人才竞争中脱颖而出。而善于学习的关键就是"求知、求是、求真、求新",就是"勤学、善学、乐学"。面对浩如烟海的专业知识和永无止境的学术科研,只有通过持之以恒的勤奋学习,才能积淀深厚的专业知识底蕴;只有把钉子精神贯穿于学习之中,才能掌握专业学习规律和科学学习方法,出色地完成学业;只有热爱成人教育学专业,有着海绵吸水般的执着与韧劲,才能不断提升专业素质,形成具有自身优势的知识体系,才能做到德行一致、知行一致,成为知识的追求者,真理的捍卫者,以及成人教育事业合格的建设者和时代的弄潮儿。

(三)深沉严谨的学习风范:学习质量之义

进入成人教育学专业,研究生既要完成专业学位课程的考试,又要完成一定量的科研实践,学习过程是艰辛的、寂寞的,在这一个挑战自我的过程中,需要专业研究生以更为深沉严谨的学习风范去实现自我价值。

"坚持才有高度"的学习理念,是成人教育学专业研究生学习风范的第一要义。作为新型而有争议的社会学科,坚持有着承先启后的时代意义和特殊蕴义,"成之道,唯以恒"。一方面,研究生要站在成教事业发展和人才强国的战略高度认识本专业学习,无论风云如何变幻,甚至面对诸如"成教消亡论、成教替代论"等来势汹汹的社会风潮和奇谈怪论,坚持专业信仰不动摇,坚持专业方向不动摇,坚持专业学习不动摇,以坚持不懈的学习精神展示专业气质和学术高度。另一方面,研究生要在三年的专业学习期间,更新学习理念,跨越学科障碍,遏制学习惯性,理性对待专业学习中的各种不利情况,以再坚持一下的信念,通过持之以恒的学习信念、持之有效的学习行为,切实化解各类学习矛盾和学习难点,在时间的锻打与考验中,增长才干、陶冶情操、开启心智,由学习的"自然王国"进入学习的"必然王国"。

"心若止水"的学习意志,是成人教育学专业研究生学习风范的基本操守。从专业视角上讲,由于成人教育学专业理论体系还处于不断创新与完善阶段,传统意义上的学术成熟和学科健全还是理想目标,专业学习与其他成熟学科专业相比,更显得枯燥而寂寞,完成同样的学习要求,成人教育学专业研究生往往要付出更多的精力,要忍耐更多的寂寞,不尽人意之处方方面面,如果没有"心若止水"的坚定意志,长时期的专业学习是难以为继的。因而,专业研究生在学习中更要有颗平和心,不好高骛远、不轻言放弃、不盲目套搬,在物欲横流的市场社会中,以梅花香自苦寒来的精神,抗击各类现实诱惑,抵御各种不良风气;在枯燥甚至有些寂寞的专业学习过程中,以宝剑锋从磨砺出的气概,磨炼自己的意志,锻炼自己的耐性,增强自己的毅力。

"敢为人先"的学习精神,是成人教育学专业研生学习风范的理念支撑。当下,我国成人教育学专业研究生教育还处于起始阶段,由于成人教育学专业研究对象的不断扩大和内涵与外延的不断伸展,学科一系列具有自身特色的不同层次的概念、推理、范畴、理论还处于构建与研发时期,与其他学科专业相比较,成人教育学专业研究生在学习中既无成功的经验可供借鉴,又无成熟的专业学习模式可以运用,学科专业的特殊性和局限性,必然要求专业研究生树立牢固试验与实证的学习精神,面对学习的难点甚至是冲突点,以敢为人先的学习执着和学术勇气,在"学中试、试中学",看到问题勤思考、碰到困难多试验,遇到矛盾善琢磨,对现有的专业知识进行批判性哲思,对导师现行的教学形式进行建设性智思,对学科现存的学习体系进行设计性反思,引导自己进入一个更高、更深的理性世界,使人生价值得以更好的体现,获得一生受用不尽的精神财富。

以上林林总总并不是成人教育学专业研究生与生俱来的素质,必定是后天学习的产物,正是后天的努力学习,在不断提高学习效率的过程中,才能构筑优良的学习质量,进而生成成人教育学专业优良人才培养质量。

二、培养质量生态:成人教育学科研究生学习诉求

对本学科大多数研究生而言,成人教育学专业还是一个未知的专业领域,他们要在短短三年时间内,完成由本科生向研究生角色的转换、由应试性向探究性学习方式的转变、由通识人才向专业人才的层次转型,成为一个成人教育领域内教学科研或管理人才。这不仅是成人教育学专业治学精神、办学思想、管理水平的综合体现,更是衡量成人教育学专业研究生培养质量的主要指标。然而，现阶段我国成人教育学专业研究生整体学习心态和学习状态与上述要求还有相当距离，甚至成为影响和制约专业研究生培养质量的重大现实因素。

（一）学习信念缺失：影响培养质量起局

近年来，我国成人教育学硕士研究生生源结构呈多样化趋势，由规格相对同一的教育专业或相关专业的学生群体向具有不同教育出身和不同专业背景的混合体方向转变，而且随着我国研究生教育的发展呈不断强化趋势。一项 8 校 139 位成人教育学专业在读研究生的调查统计结果显示，其专业背景分别为：教育学类 63 人，文科类 40 人，理工科类 30 人，其他类 6 人；其考研初衷分别为：考研热追随者 9 人，逃避就业压力 43 人，谋个好职位 71 人，对本专业有兴趣只有 16 人。这一"专业跨越"的群体，大多缺失成人教育学专业素质，对成人教育学专业的认识相对肤浅甚至全无，要让他们适应成人教育学专业学习语境，无疑会出现许多问题。学习信念缺失主要表现在：（1）信仰空白，学而无用论意识普遍。不少学生对专业背景、建设现状、培养目标、就业前景的认识模糊甚至空白，缺乏坚定的专业信仰，信心不足、思想淡漠，目标迷茫混文凭心态较严重。（2）观念陈旧，学习意志涣散。一些学生缺乏刻苦的学习精神，不愿进行艰苦的基本知识学习和训练，而习惯于游览式、走马观花式的学习，对学习任务避重就轻，得过且过，甚至敷衍塞责，把主要精力放在与专业学习无关的方面。（3）学习被动，缺少进取精神。不少学生惯于应试教育中的被动式、灌输式的学习，而疏于知识的发展与创造，学习主动性欠缺。缺乏持续学习勇气，在学习中遇到问题或矛盾时，不是知难而上，积极主动地去解决问题、化解矛盾，而往往是知难而退，现出沮丧、挫败等消极情绪。

这种学习信念缺失现象，实质上是一种学习意识迷惘，这与成人教育学专业研究生群体的特殊背景和复杂结构密切相关。专业研究生学习所必备的学术基础和科研能力有时很难通过标准化考试体现出来。同时，由于各类学校和不同专业招生中存在明显生源数量与质量差异，作为新学科的成人教育学专业，必然要承受更多的由此带来的种种问题与矛盾。因而，如何使这些具有不同专业背景又各有特点的研究生群体树立专业信仰和学习信念，使他们由"槛外人"转型为"行里人"，就成为专业研究生学习培养质量的逻辑起点和第一要务。

（二）学习目标缺陷：制约培养质量进程

关于"读成人教育学专业到底能学到什么"的问题，对成人教育学专业研究生学习影响很大。一些研究生在面对新型成人教育学专业学习目标和课程体系时，不是通过自己主动性学习、探究性学习、试验性学习去达到学习目标和解读学习要求，而是困惑满腹甚至抱怨连连，"学这个干什么，学那个有什么用"的情绪溢于言表，对学习没有兴趣，没有动力，把学习当作一种额外负担，一种无奈要做的事情。而另一些研究生对学习的长期性和艰巨性认识不足，认为成人教育理论简单，学习可以一蹴而就，不注意日常学习的积累和学习能力的提高，热衷于急于求成式的学习。这两种实际上都是学习目标缺陷的表现，它能消解学习热情，涣散学习意志，成为制约成人教育学专业培养质量的现实阻力。

这种学习目标缺失的产生有着现实因果。（1）学习目标差异。在成人教育学专业现有研究生群体中，以第一志愿报考成人教育学专业并被录取者只是少数，大多数学生都是通过调剂录取的。根据对8校139位本专业研究生的调查反馈信息，对本专业完全不了解的占33%，有一点了解的占56%，比较了解的占9%，很了解的只有2%。因此，尽管有学生有发自内心的学习愿望和明确的学习目的，但由于专业跨度大，没有足够的思想准备和学习转型应对方案，对如何把内在学习动力与成人教育学专业培养标准有机结合起来，还不甚明了，导致学习目标与培养标准不相融合。（2）学习需求差异。不少学生进入成人教育学专业的学习动机本身就十分盲目，总是把一些不切实际的学习需求套用在成人教育学专业学习上，对学习中如何适应客观现实环境的要求，以及如何使学习需求与社会压力因素相适应还有疑虑，以至在学习方向上产生迷惘。（3）学习价值差异。有的研究生在学习中把成人教育学专业的学习价值与报考专业的学习价值混为一谈，过于注重学习的外在后果（如学位、待遇及社会地位等），以利益驱动作为学习的诱因和拉力因素，以价值驱动学习，一旦学习出现问题，就对成人教育学专业学习价值产生疑问，发生学习方向性迷惘。

（三）学习行为缺憾：滞顿培养质量层次

学习行为选择关系到解读研究生学习目标能否完成、学习价值能否实现、学习能力能否提高等诸多现实问题，也是影响专业研究生学习质量乃至培养质量层次的决定因素。研究生学习作为一个复杂的系统化和专业化过程,受历史与现实各种因素的作用,其学习行为与培养质量要求尚有相当距离,"重理论轻实践、重专业轻能力、重成绩轻科研"状况普遍存在,难以彰显本专业研究生学习的科学方法论特色,对成人教育学专业研究生培养质量层次提升造成现实性障碍。主要表现有三:(1)"进门容易,入行难"。一些专业研究生虽然对成人教育学专业学习的兴趣很大,但面对大堆的书籍、资料、信息,却不知从哪里入手,书海无边无从入手,从这开始学也不行,从那开始学也不妥当,空有理想和抱负,始终进不了成人教育学专业学习的门槛。在回答关于"成人教育学专业学习对你生活最大的影响是什么"等问题时,不少研究生显得有些茫然。(2)"上课容易,消化难"。有一些研究生认为,成人教育学专业要上的课程多、要学的东西多、要写的东西多,真不知道哪些重要哪些不太重要。在学习过程中,他们将主要精力更多地用于应付各种考试:各种基础课考试、专业课考试、外语等级考试、学位外语考试等数不胜数,而研究生学习中最重要的素质与能力的提升,却几乎被忽略了。(3)"方式多元,选择难"。有不少研究生认为,成人教育学专业学习与其他专业学习好像不一样,在学习上费了很大的力气却效果不明显,用这种方法学习似乎也可以,用那种方法学习好像也不错,但就是理不出头绪,找不到一种符合自己学习实际的方法无效学习和低效学习情况多。在关于学习方法上是否以导师指导为主,或以自学为主,或以同学间交流为主等问题上,研究生们遇到选择难问题。

上述认识以及由此产生的学习状况,反映了成人教育学专业研究生学习信念、目标、行为的确立对学习质量进程的影响。而端正研究生学习心理和学习价值观念,强化研究生对专业学习方向的理性认知,也正是专业研究生培养质量的要害所在。

三、培养质量评价:成人教育学科研究生教育展望

高质量发展作为新时代中国成人教育创新发展的基础,从进入高质量发展阶段到真正实现高质量发展,这是一个既要努力奋斗又要科学选择发展路线的曲折过程,其中关于高质量发展的政治定力、发展定力和文化定力的思考,无疑是成人教育学科研究生教育高质量发展的主路线。

(一)以"政治定力"重树学科研究生培养理念

要大幅提升成人教育学科研究生教育的培养质量,离不开科学培养

理念的树立与践行,这就需要有敏锐而坚定的政治定力作为支撑。学科研究生教育的政治定力有两重意义:一是以鲜明的政治态度为引领。提升研究生教育质量不仅是学科发展的必然要求,更是党和国家政治意图和政治思想在成人教育学科研究生教育领域内的全面贯彻落实。因此,在提高培养质量的过程中,要自觉把培养拥护中国共产党领导和社会主义制度、立志为中国特色社会主义建设奋斗终身的合格人才作为学科研究生教育发展的指南与基石,确保学科研究生教育的高质量发展与党和国家各项事业的发展要求相对接,与中国特色社会主义建设相契合,与广大人民群众的深切期待相符合。二是要以鲜活的政治理论为导向。学科研究生教育的高质量发展,不仅需要相关教育理论的指点,更需要以中国特色社会主义基本理论等新型政治理论来指导,确保学科研究生教育质量提升总能真实准确地反映党和国家发展战略意图和中国特色社会主义建设的客观实际,并在此过程中不断拓展学科研究生教育质量提升的政治意义与政治职能。坚持鲜明的政治站位与政治取向,是推进和评价学科研究生教育质量提升的主要尺度与基本指标,同时表明,只有从学科研究生教育的政治属性架构中去把握培养质量提升的层次与水平,才能在社会发展与学科研究生培养的契合中去解读质量提升的时代意义与社会价值。

其中,树立"立足学科、面向未来、服务社会"的培养理念是政治定力的本然诉求。学科研究生培养质量的提升,就是要以学科为视点,在党的十八大、十九大提出的发展新理念的框架中找准学科研究生培养的站位,依据党和国家相关政策方针,针对学科研生培养还存在的视界不尽宽阔、目标不尽前沿、结构不尽合理,衔接不尽畅通等现实问题,抓好学科研究生培养的结构性改革,强化学科研究生培养体系的适应性和灵活性,使之成为学科研究生培养质量提升的主要抓手。与此相应,树立"办让人民满意的教育"的培养思维是政治定力的应有之义。这也意味着,在新时代背景下学科研究生培养质量提升的主要目的,就是要让学科研究生培养质量得到全社会和广大人民群众的认同与好评,成为一种"爱民、亲民、利民"的人才培养模式。因此,就必须把"质量兴教"理念意识变为现实的行动,彰显学科研究生培养的中国特色,充分展示学科研究生培养高质量发展的时代风范。

(二)以"发展定力"重构学科研究生培养环境

发展定力强调在中华民族和中国文化全面复兴的时代潮流下,成人教育学科研究生培养要摒弃那种"一蹴而就"的质量发展观,更不应期许在短时期内就能达到预期目的和培养目标,而应以一种曲折性和长期性相糅合的质量提升的思维定式,把顺应时代要求,紧贴社会发展,从现实起步,从实际出发的思维作为学科研究生培养质量提升的基本原则,始终坚持把提升学科研究生培养质量作为一项战略性任务和根本性工作。与之相应,学科研究生培养质量理念与行为的变革,以及学科研究生培养共同体的发展思维体系,既是最终实现学科研究生培养质量高度发展的根本力量,也是学科研究生培养在新时代条件下坚持高质量发展最基本的保障。就实践而言,实现学科研究生培养高质量发展是一个破茧重生的过程,不仅质量提升的方法与路径的选择要科学合理,提升速度要与学科发展趋势相应然,更要充分发扬学科"持恒攻坚"的人文精神,进一步深化学科研究生培养要素的开放创新,进而创新推进学科研究生培养高质量发展的内生动力与外部条件,着力打造一个既符合学科研究生培养质量要求又与国家和社会有机融合的培养环境。

细而析之,一是始终保持发展定力,正确把握学科研究生高质量培养的基本趋势。近些年来,国家相关学科建设和研究生培养的大政方针不断出台,特别是一些涉及学科研究生培养质量的政策方针(例如改变学科研究生培养原有结构,增加学科实用性专业人才培养的比重等)的推出,以及国家和社会对学科研究生培养需求的高度增长,都对实现学科研究生高质量培养十分有利,加之成人教育学科现有教育资源相对充足,业内各学位点对参与研究生高质量培养的意愿十分强烈,高质量发展已成为学科研究生培养的共识。要注意的是,这里所倡求的高质量发展,绝不是脱离学科研究生培养实际的盲目追求,而是在找准学科研究生高质量培养切入点的基础上,分析学科研究生培养的优势与短板,清晰认知成人教育学科研究生培养"历史源远流长、发展潜力厚重、回旋空间很大、培养平台多元"的优势,又要清醒认识"起步较晚、内力不足、挑战增多"的缺失,坚持科学规划发展,既要充分发挥现有优势,推动学科研究生培养的特色发展和错位发展;又要挖掘潜力补齐短板,着力解决学科研究生培养与国家、社会、经济、文化之间联系不紧密的问题,为学科研究生高质量培养重构一个全新的发展环境。

(三)以"文化定力"重建学科研究生培养范式

文化定力作为学科研究生高质量培养的内在动力与必要前提,它主张要始终保持对中国成人教育文化(尤其是传统成人教育文化)的关注度、方向度和持久度,坚持对中国成人教育文化认同与传承的不动摇,对中国成人教育文化的学科研究生培养创新力的充分肯定和信心。首先,倡导通过中国成人教育文化建设的全面推进,把以人本主义为宗旨的育人精神、以爱国主义为核心的育人价值、以和谐发展为主线的育人理念,蜕化为学科研究生高质量培养的凝聚力、自信力和内源力,让文化传承成为学科研究生高质量培养的中国展示。其次,倡导学科研究生高质量培养必须紧紧围绕为文化传承和文化创造两个基点,在对成人教育学科的文化传承、文化汲取、文化整合的过程中,探索解读"什么是学科研究生的高质量培养、怎样才能实现学科研究生培养的高质量发展"等重大命题。同时,又在成人教育学科的文化创新、文化创造和文化转型的变迁中,着力解读学科研究生培养的高质量是"培养什么人、怎样培养人、为谁培养人"等现实课题。

　　文化定力有两个特点:一是要求全面发挥成人教育理论创新的引领与促进作用。在成人教育理论研究范式内,学科基本理论的创新主要是围绕成人教育学科上层建筑属性来展开的,而实用理论的创新则主要聚焦于成人教育学科的生产力属性,无论是基本理论还是实用理论的创新,都必须根植于中国成人教育文化传承与创新的实践,而如何通过文化传承与创新,在宏观与微观两个层面对学科研究生高质量培养问题进行研究与阐释,则是新时代对成人教育学科建设创新提出的新方向。二是要彰显成人教育学科的文化创造能力与职能。不仅要通过学科学位点同步展开成人教育文化传承、成人教育文化走向社会、成人教育文化产品推介等常态化活动,充分挖掘和激活传统成人教育文化中的精髓,让传统成人教育文化"老树砺新",形成学科研究生培养新范式的主导力量。同时,还要在传统成人教育文化现代化改造的实践中,积极寻找传统成人教育文化与学科研究生高质量培养的契合点,赋予学科研究生高质量培养新生机与新活力。当然,成人教育文化对于学科研究生高质量培养的能力与职能是否能够得到充分显扬,就有必要在业内重建一个"文化与培养相互对接与融洽"的培养范式,并将这个培养范式蜕变为学科研究生高质量培养的主要阵地。唯此,才能极大激发学科研究生高质量培养的文化内力,使学科研究生高质量培养的情境也更为生机勃勃和创意盎然。

参考文献

著作类：

[1] 张维. 世界成人教育概论 [M]. 北京：北京出版社,1990.

[2][美] 伊利亚斯,梅里安著,高志敏译. 成人教育的哲学基础 [M]. 北京：职工教育出版社,1990.

[3] 叶忠海. 成人教育学通论 [M]. 上海：上海科技教育出版社,1997.

[4] 周嘉方. 成人教育管理 [M]. 上海：上海科技教育出版社,1997.

[5] 张维. 成人教育学 [M]. 福州：福建教育出版社,1998.

[6] 毕淑芝. 比较成人教育 [M]. 北京：北京师范大学出版社,1998.

[7] 王北生,姬忠林. 成人教育概论 [M]. 开封：河南大学出版社,1999.

[8] 齐高岱,赵世平. 成人教育大辞典 [M]. 东营：石油大学出版社,2000.

[9] 马叔平,翟延东. 面向 21 世纪中国成人教育制度研究 [M]. 北京：高等教育出版社,2001.

[10][美] 顿·克拉克主编,王承绪译. 研究生教育的科学研究基础 [M]. 杭州：浙江教育出版社,2001.

[11] 宋永刚. 成人高等教育概论 [M]. 北京：中国社会科学出版社,2002.

[12] 董明传,毕诚,张世平. 成人教育史 [M]. 海口：海南出版社,2002.

[13] 黄尧. 面向 21 世纪中国成人教育发展研究 [M]. 北京：高等教育出版社,2002.

[14] 吴遵民. 现代中国终身教育论 [M]. 上海：上海教育出版社,2003.

[15][美] 戴尔·H. 申克著,韦小满译. 学习理论：教育的视角 [M].

南京：江苏教育出版社，2003.

[16] 薛天祥 . 研究生教育管理学 [M]. 桂林：广西师范大学出版社，2004.

[17] 张建伟 . 建构性学习——学习科学的整合性探索 [M]. 上海：上海教育出版社，2005.

[18] 潘懋元 . 中国高等教育百年 [M]. 广州：广东高等教育出版社，2005.

[19] 黄济 . 教育哲学通论 [M]. 太原：山西教育出版社，2006.

[20] 高志敏 . 成人教育社会学 [M]. 石家庄：河北教育出版社，2006.

[21] 肖玉梅 . 现代成人教育管理学 [M]. 北京：中国人民大学出版社，2006.

[22] 李培俊 . 学习学概论 [M]. 北京：国防工业出版社，2006.

[23] 陈学飞 . 研究生教育质量：内涵与探索 [M]. 上海：上海交通大学出版社，2007.

[24] 杜以德，姚远峰，李醒东 . 成人教育发展纵论 [M]. 北京：中国人民大学出版社，2007.

[25] 高志敏，蔡宝田 . 社会转型期成人教育、终身教育研究 [M]. 北京：首都师范大学出版社，2007.

[26] 朱伟钰 . 布尔迪厄"文化资本论"研究 [M]. 北京：经济日报出版社，2007.

[27] 曾青云 . 当代成人教育发展研究 [M]. 南昌：江西高校出版社，2009.

[28][美] 雪伦·B·梅里安、罗斯玛丽·S·凯弗瑞拉著，黄健、张永、魏光丽译 . 成人学习的综合研究与实践指导 [M]. 北京：中国人民大学出版社，2011.

[29] 乐传永 . 成人教育转型发展研究 [M]. 杭州：浙江大学出版社，2014.

[30] 闫建璋 . 师范大学教育学院发展转型研究 [M]. 北京：中国文史出版社，2014.

[31] 郑淮，马林，李海燕 . 成人教育基础理论 [M]. 广州：中山大学出版社，2015.

[32][美] 沙兰·B·梅里亚姆、拉尔夫·G·布罗克特著，陈红平、王加林译 . 成人教育的理论与实践：导论 [M]. 北京：北京师范大学出版社，2016.

[33][美] 杰克·麦基罗、爱德华·W·泰勒著，陈静、冯志鹏译 . 成

人教育实践中的转换性学习——来自社区、工作现场和高等教育的顿悟 [M]. 北京：北京师范大学出版社，2016.

[34] 高志敏. 成人教育学科体系论 [M]. 上海：上海教育出版社，2017.

学位论文类：

[1] 罗尧成. 我国研究生教育课程体系研究 [D]. 上海：华东师范大学，2005.

[2] 徐宁. 基于活动的研究性学习模式设计及应用研究 [D]. 上海：华东师范大学，2008.

[3] 王一凡. 成人教育学的历史研究——基于静态与动态视角的考察 [D]. 上海：华东师范大学，2008.

[4] 方董平. 文化资本的理论与实践研究 [D]. 桂林：广西师范大学，2010.

[5] 郭荔宁. 成人教育学专业研究生动态学习模式探究 [D]. 南昌：江西师范大学，2010.

[6] 戴宏才. 中国成人教育制度的解构与重建 [D]. 重庆：西南大学，2010.

[7] 王秀雅. 转化学习的理论与实践研究 [D]. 成都：四川师范大学，2011.

[8] 胡淼. 我国普通高校成人教育管理问题及对策研究 [D]. 长春：吉林大学，2015.

[9] 兰岚. 中国终身教育立法研究 [D]. 上海：华东师范大学，2017.

[10] 史文浩. 中国成人教育学科体系构建研究 [D]. 保定：河北大学，2019.

期刊类：

[1] 习近平. 全面贯彻落实党的十八大精神要突出抓好六个方面工作 [J]. 求是，2013，（1）.

[2] 谢国栋《贝伦行动框架》与中国成人教育 [J]. 终身教育，2010，（1）.

[3] 高星. 高校成人教育机构开放办学机制的研究述评 [J]. 河北大学成人教育学院学报，2011，（1）.

[4] 郑义寅. 成人教育学科研究生教育：困惑与破解 [J]. 中国成人教

育,2009,（4）.

[5] 乐传永,曾宪群.论成人教育质量监控体系中政府机制的失调及其对策[J].成人教育学刊,2007,（11）.

[6] 曾青云.社会证书考试与高校成人教育开放办学机制构建[J].当代教师教育,2011,（2）.

[7] 何云,霍玉文,邓文勇.文化视域下的成人高等教育发展研究[J].河北大学成人教育学院学报,2012,（3）.

[8] 郭凌雁,曾青云.中国成人教育文化的记忆与传承[J].中国成人教育,2016,（11）.

[9] 张丽玲.我国成人教育学科结构优化研究[J].中国成人教育,2017,（12）.

[10] 桑宁霞.当代成人教育学的视域与价值[J].中国成人教育,2017,（23）.

[11] 葛敏.基于学科边界视角的成人教育学科发展困境及对策[J].中国成人教育,2018,（1）.

[12] 朱越来.转型视域下的成人教育学科体系优化研究[J].中国成人教育,2018,（7）.

[13] 马亚平.中国成人教育学科体系结构及其分类[J].中国成人教育,2014,（20）.

[14] 陈醒.我国成人教育学科体系建设的省思[J].中国成人教育,2015,（11）.

[15] 谢国东.国际成人教育共识与我国成人教育的改革和发展[J].教育研究,2013,（4）.

[16] 高志敏.十年青灯 十年一剑——《成人教育学科体系论》解读[J].终身教育研究,2018,（8）.

[17] 冯琳.我国成人教育学科建设:历史、现状和未来[J].河北大学成人教育学院学报,2019,（3）.

[18] 王静.成人教育学专业研究生课程的对比研究——基于明尼苏达大学和华东师范大学的考察[J].湖北大学成人教育学院学报,2008,（8）.

[19] 徐涛.多伦多大学成人教育学专业课程设置的价值取向与启示[J].湖北大学成人教育学院学报,2008,（8）.

[20] 周利利.佐治亚大学成人教育学专业课程设置探略[J].湖北大学成人教育学院学报,2008,（8）.

[21] 雷丹.高校成人教育学科专业教师团队建设探微——来自国外

名校名人的启示 [J]. 河北大学成人教育学院学报, 2008, (9).

[22] 罗国力, 李俊杰. 成人教育学硕士生培养的理性思考与现实回归 [J]. 成人教育, 2009, (1).

[23] 王晖慧. 文化资本理论与中国成人教育改革 [J]. 继续教育研究, 2016, (8).

[24] 李丽君. 基于建构主义教学观的成人教育改革 [J]. 中国成人教育, 2013, (4).

[25] 杨福林, 蒙秀艳, 王晓东. 中国成人教育杂志理事会第十四次会议暨成人教育改革发展论坛综述 [J]. 中国成人教育, 2018, (1).

[26] 崔铭香, 蓝俊晴. 论成人学习理论视阈下的教师专业发展 [J]. 职教论坛, 2018, (2).

[27] 高志敏. 关切可持续发展: 成人教育及其学科研究的不二选择 [J]. 河北师范大学学报(教育科学版), 2016, (5).

[28] 高志敏, 周晶晶, 张欣. 成人教育学专业学位授予点发展二十年回眸与展望(一)——基于华东师范大学硕士与博士学位论文的分析 [J]. 高等继续教育学报, 2015, (3).

[29] 高志敏, 周晶晶, 张欣. 成人教育学专业学位授予点发展二十年回眸与展望(二)——基于华东师范大学硕士与博士学位论文的分析 [J]. 高等继续教育学报, 2015, (5).

[30] 何爱霞. 我国成人高等教育办学机构转型与创新的必要性及可行性 [J]. 职教通讯, 2013, (8).

[31] 吴遵民. 展望中国教育2035[J]. 中国教育学刊, 2019, (9).

[32] 吴遵民. 展望中国教育2035[J]. 教育探究, 2020, (2).

[33] 布尔迪厄的文化资本理论 [EB/OL].http: //news.sina.com.cn/o/2006–11–08/050110440135s.shtml.

[34]Zimmerman.B.J (1989).A social cognitive view of self–regulated academic learning.Journal of Educational Psychology, p.330

[35]Zimmerman.B.J. (2002).Become a self–regulated learner: An overview.Theory into Practice, Vol.41, No.2, p.67.

[36]Merriam, S.B., and Cunningham, P.M. (Eds.). (1989).Handbook of adult and continuing education.San Francisco: Jossey–Bass.

[37]National Center for Education Statistics. Projections of education statistics to 2020[R]. Retrieved from http: //nces.ed.gov/pubsearch/pubsinfo.asp?pubid=2011026 (2011).

[38]Disilvesreo F R. Continuing Higher Education and OlderAdults: A

Growing Challenge and Golden Opportunity[J].New Direction for Adult and Continuing Education,2013,140: 79.

    [39] 国家中长期教育改革和发展规划纲要(2010 — 2020 年)[Z], 2010.

后　记

　　成人教育学科在悠久的历史发展进程中逐渐形成具有中国特色的学术形态。居于期间的古今中外学者和从业者为了成人教育学科的生存与发展,基于不断细化的学科分支与内涵变革,经由集体的合力创造出辉煌的成人教育学科体系。

　　时适近现代,成人教育学科在东西方文明和中外文化的融合与碰撞中,走出了彰显自我个性的特定路线,创造出现代成人教育学科。从更为纵深的视度去回溯成人教育学科的发展脉络,就可以发现,由社会政治、经济、文化、科学发展而产生的成人与社会、与教育、与文化、与自然、与他人、与自我的内在联系,决定着成人教育学科发展的层次与进程,因此,要揭示现代成人教育学科的本质与属性、体系与架构、内涵与要素、行为与方式等等要素,就必须围绕"成人教育、成人高等教育、成人学习、学科属性内涵定位、学习模式构建、专业人才培养"等六个方面展开研究,而深度细致的分析成人教育学科体系建设,便是上述认识的具体化与理论化,为寻获成人教育学科建设内在规律拓宽新的途径。

　　笔者能够把上述思维转化为这本《成人教育学科建设的现代视阈》,呈现给广大读者,主要得力于在江西师范大学成人教育学科三年的专业学习,以及在陕西学前师范学院从事成人教育培训的十年工作经历。如果说,研究生在读阶段是对成人教育学科体系建设的好奇与兴趣、探索与求知、思考与积淀,处于一个厚积的初始阶段,那么,十年间的成人教育培训工作实践,就是对研究生专业学习成果的检验与评价、凝练与转化、充实与创新,走出了一条自我开展、勇于创新的研究之路。以此为肇始,笔者将在成人教育学术研究的征途上,上下求索,不断前行。

　　本书能够顺利完成,得益于我的恩师——曾青云先生的鼓励与指导,先生不仅对本专著的撰写给予了多方面提点,且提供了诸多新思路、新信息和新材料,给予笔者莫大的启迪与帮助;本书的出版,得益于李明军教授领衔的陕西高校青年创新团队(儿童社会性发展与教师创新团队)的资助,对此致以衷心地谢忱。

后 记

　　成人教育学科建设研究是一项宏大的系统工程。本书系陕西省教育科学"十三五"规划 2020 年度一般课题"全民终身学习视阈下成人教育学科体系重构研究"（课题批准号 SGH20Y1232）的阶段性成果，由于笔者能力所限，粗疏缺漏之处在所难免，在此也恳请专家与同行不吝指正。

郭荔宁

2021 年 3 月